# 文化大革命

## 〈造反有理〉の現代的地平

明治大学現代中国研究所 ― 石井知章 ― 鈴木賢 編

白水社

# 文化大革命——〈造反有理〉の現代的地平

装幀＝小林　剛
組版＝鈴木さゆみ

## 目次

# 文化大革命の基礎知識

石井知章

## 概要

文化大革命とは、正式には「プロレタリア文化大革命」、略称としては「文革」と称し、一九六六年五月から一九七六年十月まで十年間続いた、中国国内における一連の内乱のことを指す。当時、中国経済は人民公社や大躍進の相次ぐ失敗による停滞ののち、党中央委員会副主席兼国家主席に就任して権力を握った劉少奇や鄧小平共産党総書記（実権派）が、市場経済を部分的に導入し、経済を回復しつつあったものの、毛沢東はこれらの政策を社会主義から資本主義へと逸脱するものであるととらえた。毛沢東にとって、こうした「資本主義の道」を歩もうとする「走資派」による修正主義は、中国の社会主義そのものを存亡の危機に陥れるものであり、中国独自の社会主義を維持するために、批判・打倒しなければならなかった。たしかに、すべての人民を西洋近代の「資本主義」だけでなく、中国の前近代的「封建主義」からも解放し、マルクス・レーニン主義の思想に基づく新たな文化を創出するというのが、毛沢東による当初の狙いであった。

　だが、実際にはその理念とはまったく裏腹に、全国規模の非合理的な社会的混乱が広範囲にもたらされることとなる。とりわけ、大躍進政策の失敗によって国家主席の地位を失った毛沢東は、「上から」の扇動によって一般大衆を劉少奇ら政敵への攻撃に駆り出し、自らの権力を取り戻そうとした。その結果、この中国共産党内部での権力闘争によって、数十万から一千万人に及ぶ一般大衆が生命を失い、さらに一億に及ぶ人々が何らかの犠牲を余儀なくされ（第十一期三中全会での公式見解では、「文革時の死者四十万人、被害者一億人」）、新たな文化の創出どころか、中国の多くの貴重な文化的遺産が破壊され、極度の政治的・社会的混乱と経済的停滞がもたらされていく。さらに、「宗教はアヘンである」というマルクスの言葉の誤った解釈に基づいて、あらゆる宗教が徹底的に否定され、教会や寺院、廟、その他の宗教的文化財も広範囲に破壊されていった。

　「建国以来の党の若干の歴史問題についての決議」（一九八一年六月）によれば、文化大革命は大まかに三段階に分けられる。第一段階は一九六六年五月十六日の「五・一六通知」の公布から一九六九年の第九回党大会で林彪が文化大革命を宣言するまで。第二段階は一九七三年八月の第十回党大会における林彪事件の総括まで。さらに第三段階は毛沢東の死の直後、すなわち一九七六年十月六日の四人組逮捕までである。

## 文化大革命の端緒（第一段階）

この第一段階に正式に入るまでにも、文革の兆候はすでに表れていた。姚文元は一九六五年十一月十日、上海の新聞『文匯報』に「新編歴史劇『海瑞罷官』を評す」を発表し、京劇『海瑞罷官』が大躍進政策を批判して失脚した彭徳懐を暗に弁護して毛沢東を非難したものであると批判し、これが文壇における文革の端緒となった。毛沢東思想を熱心に信奉する学生たちによって一九六六年五月以降、紅衛兵と呼ばれる集団が結成され、とりわけ未熟な十代の青少年が次々とこれに加入して、拡大を続けた。

こうしたなか、党中央政治局拡大会議は一九六六年五月十六日、「中国共産党中央委員会通知」（五・一六通知）を採択する。この通知は『海瑞罷官』を擁護したとみなされた彭真らを批判し、新たに陳伯達・康生・江青・張春橋からなる新しい文化革命小組を作るものであった。まず、政治局拡大会議（一九六六年五月十六日）で「ブルジョア反動思想の批判と指導権の奪取」を呼びかける「五・一六通知」が発表されると、紅衛兵を中心に革命運動が公然化していく。この通知は、文革が正式に幕を開ける象徴的な指標となった（第一段階）。さらに林彪は五月十八日、彭真、羅瑞卿、陸定一、楊尚昆らがクーデタを企てていると主張し、彼らを摘発することが修正主義者による奪権を未然に防ぐことになると力説した。林彪によれば、羅瑞卿が軍権を握り、彭真（北京市市長）はいくつかの権力を握り、陸定一（中央宣伝部部長）は文化思想戦線の指揮官、楊尚昆（中央辦公庁主任）は機密、情報、連絡担当であるとし、文武相結合して、「反革命クーデタ」を企てているというのである。この四人（彭真・羅瑞卿・陸定一・楊尚昆）は、文革初期の「四家店」として、文革を発動するうえでの直接的障害であるとされ、毛沢東と林彪一派によって集中的に攻撃されていった。

**紅衛兵運動と文化大革命**

さらに聶元梓（北京大学哲学科講師）は一九六六年五月二十五日、北京大学哲学科六人の教員とともに党北京大学委員会の指導部を批判する「大字報」（壁新聞）を学内に掲示する。これをうけて『人民日報』は六月一日、「一切の牛鬼蛇神を撲滅せよ」という社説を発表し、「人民を毒する旧思想・旧文化・旧風俗・旧習慣を徹底的に除かねばならない」と主張した。さらに、第八期十一中全会（八月一―十二日）では、「中国共産党中央委員会のプロレタリア文化大革命についての決定」（十六カ条）によって、文化大革命が正式に定義されていく。毛沢東はこの壁新聞を評価し、自らも八月五日、中南海食堂に「司令部を砲撃せよ」とする「大字報」を貼り出し、紅衛兵に対しても党指導部の実権派とされた鄧小平や劉少奇らに対する攻撃を公式に指示するにいたる。

一方、天安門広場では八月十八日、全国から集まった紅衛兵らが、天安門上にいる毛沢東の接見を受けた。北京師範大学女子附属中学在学中の宋彬彬は、この紅衛兵大集会で毛沢東に紅衛兵の腕章をつけたが、その際毛に「礼儀正しい（彬）だけではいけない、武も必要だ」と指

**図1**

**毛沢東思想万歳！**

版画による政治宣伝
開封紅衛兵「八二四」造反総部、
一九六七年発行

摘され、二日後の『光明日報』に「私は毛主席に赤い腕章をつけてさしあげた」と題する署名文章を発表し、「宋要武」と改名したことを明らかにした。このことは、『人民日報』など他のメディアが宋の文章を次々に転載、放送したことによって、中国の内外で広く伝えられていった。

中共中央、国務院は、紅衛兵による運動を支持し、同年九月五日、「各地の革命的学生が北京を訪れ、革命運動の経験交流を行うことについての通知」を出し、北京までの列車の運賃を無料にするほか、生活補助費を国家財政から支出する方針をまとめた。かくして、授業をやめて革命に参加する運動と、全国的な経験大交流が始まる。若者らは、毛沢東に忠誠を捧げる意味から、「毛沢東語録歌」にあわせて踊る「忠字舞」（忠の字踊り）が強制され、踊らなかったら列車に乗せてもらえないこともあった。毛沢東は六六年十一月までに、合計八回の紅衛兵接見を行ったが、これに集まった紅衛兵の数は千三百万人にのぼり、文化大革命は全国規模で本格化していった。毛沢東によってコントロールされた紅衛兵による官僚や党幹部への攻撃が、「造反有理（造反には道理がある）」というスローガンによって「上から」正当化されていった。早くから毛沢東と親密な関係を築いていた林彪は、この第八期十一中全会で、党内序列第二位に昇格し、単独の副主席となっていた。

## 毛沢東と劉少奇との確執——武装闘争の激化

ところが、ここで主な標的であった劉少奇とは、本来、一九六二年以前の毛沢東によるユートピア思想・政策の忠実な追随者、かつ「信徒」として、それらの政策をすべて積極的に執行していたのであり、毛沢東はそれゆえに自らの後任として国家主席に彼を指名していたといえる。だが、毛沢東が第一線を退くと、劉少奇と毛沢東との間で経済政策・路線をめぐる対立が顕在化し、お互いに距離が生じていく。やがて毛沢東は、劉少奇が中国におけるフルシチョフ（修正主義者）であると考えるようになり、これが文化大革命を発動するうえでの大きな動機のひとつとなっていった。

だが、毛沢東思想という権威を傘に暴走しはじめた紅衛兵らは、各派閥に分かれて武装闘争を繰り広げ、やがて共産党内の文革派、さらに毛沢東ですら統制不能に陥っていく。こうしたなか毛沢東は、一九六八年以後、若者は農村から学ぶ必要があるとして、彼らの農村への大規模な集団移住である「下放政策」を実施していった。この間、劉や鄧などの支持者や反林彪派の長老に対しては、紅衛兵らによって過酷な糾弾や中傷が繰り広げられた。「批闘大会」と呼ばれる公開のつるし上げが連日のように開かれ、実権派や反革命分子とされた人々が会場で壇上に引き出されたり、三角帽子をかぶらされ、「見せしめ」として街頭を引き回されるといったことが、紅衛兵らによる集団的暴力のもとで強要された。かくして、第八期中央委員の七十一％が「批闘」にさらされ、その数は数百万人に及んだ。とりわけ、一九六七年四月、劉少奇夫人の王光美が外国訪問の際に着用した旗袍を無理やり着せられたうえ、ピンポン玉のネックレスを首にかけさせられ、紅衛兵らにブルジョアと非難されたことはよく知られている。また紅衛兵は、街路や病院などの名前を、たとえばソ連大使館があった揚威路を「反修（反修正主義）路」へ、アメリカの資金で建設された協和医院を「反帝（反帝国主義）医院」へといったように、恣意的に「革命的」なものに変更して回った。

こうしたなか、迫害を恐れた老舎や呉晗、儲安平といった著名な知識人たちは自ら命を断つか、あるいは不審な死を遂げ、さらに劉少奇や彭徳懐をはじめとする多くの共産党の要人も、迫害や軟禁の末にまともな治療も受けられないまま「病死」していくという事態を招いていく。紅衛兵運動から下放収束までの間、中華人民共和国の高等教育は事実上、機能を停止し、この影響を受けた世代は教育上および倫理上、大きな悪影響を蒙っていった。これら当時の青少年が国家を牽引していく年齢になってからも、中華人民共和国の発展にとって、少なからぬマイナス要因になったのである。

さらに、実権派（走資派）らを打倒するために、文革派（造反派）は、全国各地に「革命委員会」を成立させた。一九六七年一月、黒竜江省革命委員会が成立したのを皮切りに、省レベルでの奪権闘争が推進された。頻発する武装闘争を対立する諸組織の「大連合」で妥協させ、「軍幹部、旧幹部、造反派代表」からなる「三結合」による革命委員会の成立が各地で進んでいった。六八年九月、チベットと新疆ウイグル族自治区の革命委員会成立によって、革命委員会は全国での成立を果たし、闘争は表面的には一段落した。これにより地方の省、自治区、市

**図 2**

**開国の大典**

毛沢東が天安門楼上で中華人民共和国の開国を宣言した
董希文制作、
人民美術出版社・新華書店北京発行所
一九五三年発行（一九六三年第二版第十九刷）

などの地方機関や地方の党機関から革命委員会に権力が移譲されていったが、上海市や武漢市など一部の地方では実権派と文革派との間で奪権闘争と呼ばれる衝突事件が発生していた。

**解放軍の介入と奪権闘争の複雑化**（第二段階）

こうしたなか、解放軍は六七年一月、毛沢東の指示により革命的左派の支持のために介入した。軍事委員会が三月、「三支両軍」（左派、労働者、農民を支持し、軍事管制、軍事訓練という二つの軍務を行う）の決定を行い、解放軍が学校、機関、工場などに進駐し、奪権闘争を支えた。だが、この闘争は六七年七月の武漢事件で大きな壁にぶつかることとなる。文革派が武漢の造反派支援のためにかけつけたところ、実権派を支持する大衆組織によって彼らが監禁され、しかもその際に、毛沢東も宿泊先を包囲され、身動きが取れなくなった。周恩来の介入で最終的には事なきを得たが、この事件を挟む六七年七―九月、毛沢東は華北、中南、華東地区を視察し、以後、左派支持を事実上撤回しつつ、①文化大革命の四つの段階、②革命的大連合、三結合、③造反派の世界観改造、④中国は世界の武器工場たれ――と呼びかけた。このうち、大躍進期に生まれた工場での労働者、幹部、技術者による「三結合」という方式は、六七年末、「革命的三結合の方針を実行せよ」という毛沢東の指示によって、革命的大衆、革命的幹部、現地駐屯の人民解放軍の三者の代表による組織として復活していった。

この奪権闘争が一段落した一九六九年四月の第九回党大会で選ばれた中央委員の構成は、四割が軍人、三割が旧幹部、残る三割が造反派代表であった。この政治報告で林彪は、文化大革命を「国内の反動的勢力に対する新たな階級闘争」としてとらえ、党内の資本主義の道を歩む実権派が中央でブルジョア司令部をつくり、修正主義の政治路線と組織路線とをたくらみ、各省市自治区および中央の各部門に代理人を抱えていると主張する。すなわち、林彪によれば、実権派の権力を奪い返すには文化大革命を実行して、公然と、全面的に、下から上へ、広範な大衆を立ち上がらせ、暗黒面を暴き出すよりほかない。それが実質的にはひとつの階級によってもうひとつの階級を覆す政治大革命である限り、今後とも何度も行われねばならない、としたのである。

### 林彪事件と四人組の結成

だが、林彪はこの党大会で毛沢東の後継者として公式に認定されるにいたったものの、劉少奇の失脚によって空席となっていた国家主席の廃止案を毛沢東が表明すると、林はそれに同意せず、その政治的野心が逆に疑われることとなる。このことは文革が第二段階に入ったことを示す主な兆候のひとつとなった。一九七〇年頃から林彪とその一派は、毛沢東の国家主席就任や毛沢東天才論を主張して毛沢東を持ち上げたが、このことが逆に毛沢東に批判されることとなる。さらに林彪らの動きを警戒した毛沢東がその粛清に乗り出したことから、息子で空軍作戦部副部長だった林立果が中心となって、権力掌握の準備を進めつつあった。

南方を視察中の毛沢東は一九七一年九月、林彪らを「極右」であると批判すると、林彪とその一派は毛沢東を暗殺する武装クーデタを企てたものの、これに失敗し、逃亡した。九月十三日、中国人民解放軍のトライデント機でソ連へ逃亡中、モンゴル人民共和国で墜落し、林彪ら逃亡した全員が死亡した。これには燃料切れとの説と、逃亡を阻止しようとした側近同士の乱闘により墜落した説、さらに人民解放軍の地対空ミサイルで撃墜されたとの説がある。逃亡の通報を受けた毛沢東は「雨は降るものだし、娘は嫁に行くものだ、好きにさせれば良い」と述べ、撃墜の指令は出さなかったとされる。

一九七〇年代に入ると、内戦状態にともなう経済活動の停滞によって、国内の疲弊はピークに達し、文革の内乱は次第に沈静化していく。林彪の死後は、周恩来の実権が強くなり、周恩来は七二年、左派思潮を批判しようとしたが、毛沢東は「極右」を批判すべきだとしてこれを妨げた。また一九七三年には鄧小平が復活していったが、文化大革命はその後も継続され、周恩来らと四人組との間で激しい権力闘争が繰り広げられた。さらに一九七三年八月の第十回党大会では、江青、張春橋、姚文元、王洪文が政治局内で「四人組」を結成していく。この党大会における林彪事件の総括によって、第二段階の幕が閉じることとなった。

### 「批林批孔運動」と四人組の打倒（第三段階）

第三段階に入ると、一九七三年八月から一九七六年まで続いた「批林批孔運動」が、新たな

**図 3**

**人民公社は素晴らしい**

人民美術出版社制作、
一九七四年発行

闘争形態として現れることとなる。それは林彪と孔子、さらに儒教そのものを批判し、全面的に否定するという運動であった。中国思想の系譜のうち、法家を善、儒家を悪とし、孔子は最悪の人間とされ、その教えは封建的であり、林彪はそれを復活させようとした人間であるとされた。この運動は本来、林彪派摘発のためにはじめられたものだが、その矛先はやがて周恩来にまで拡大していく。それは孔子になぞらえた周恩来を引きずり下ろそうとする四人組の目論見で行われたものであり、一方、武則天が善人として理解されたのは、江青が自らを武則天に見立てつつ、女帝として毛沢東の後継者として君臨しようとしていたからだと受け取られる。毛沢東は当初、この「批林批孔」を容認したが、その後、江青には組閣する野心があるとして逆にこれを批判するようになった。

一九七五年には周恩来の癌が重くなり、代わりに鄧小平が党中央の日常業務を統括するようになると、彼は一連の重要会議を開き、四人組の権力基盤の弱体化を狙った。だが、毛沢東はこれを認めず、鄧小平批判、さらに右派の巻き返しに反対する運動を展開し、中国は再び混乱に陥った。一九七六年一月、文革派と実権派のあいだにあって両者を調停してきた周恩来が死去すると、周恩来を追悼する花輪が撤去されたことから、同年四月五日、(第一次)天安門事件が発生し、鄧小平が再び失脚した。ところが、九月九日に毛沢東が死去すると、「あなたがやれば安心だ」という毛沢東のお墨付きのもと新しく首相となった華国鋒は、葉剣英、李先念、汪東興等の後押しを受け、十月六日、四人組を逮捕していく。さらに翌一九七七年七月、失脚していた鄧小平が復活し、同年八月、中国共産党は第十一回大会で、四人組の粉砕によって文化大革命の終結を正式に宣言した。

## 文化大革命の終結とその歴史評価をめぐり

これをうけて、最高人民法院特別法廷（いわゆる林彪・四人組裁判）は一九八一年一月、四人組と林彪グループに対し、執行猶予付きの死刑から懲役刑の判決を下した。一九七八年以降、文化大革命中に反革命で有罪とされた人々に対する名誉回復（平反）の審査が行われたが、それは文化大革命以前の反右派闘争にもさかのぼって進められたため、長い年月を要した。その結果、一九八九年までに三百万人の名誉回復が行われるにいたる。第十一期六中全会（一九八一年六月）で採択された「建国以来の党の若干の歴史問題についての決議（歴史決議）」では、文化大革命は「毛沢東が誤って発動し、反革命集団に利用され、党、国家や各族人民に重大な災難をもたらした内乱である」として、完全な誤りであったことが公式に確認された。だが、毛沢東については、「七分の功、三分の過ち」という当時の鄧小平の言葉が一般的評価として定着し、現在でもそれが党の見解だとされている。

対外的には、ソ連など、国交がある国の多くとも関係が断絶し、外交使節団の交換など交流があった国はアルバニアなど数カ国に過ぎず、十年以上の実質的な鎖国状態を招いたため、中華人民共和国の近代化は大幅に遅れることとなった。中国にとって長年の盟友であった北朝鮮の金日成でさえ、紅衛兵が「修正主義者」と批判していたことから、それ以降、中朝関係も冷え込んでいた。

また、ポル・ポト派（クメール・ルージュ）の支配下で、自国民の虐殺を行った当時のカンボジア（民主カンボジア）は、たしかにポル・ポト自身は文革を礼賛するようなことがなかったとはいえ、文革中から中華人民共和国の親密な友好勢力であり続けたし、毛沢東もこれを支援していたことからも、文革とポル・ポトによる大量虐殺との関連性がしばしば指摘されている。

日本でも当時、毛沢東思想が新左翼の一部で広く流布していたが、そのなかでも、あさま山荘事件を起こした連合赤軍は、毛沢東思想にきわめて大きな影響を受けていたとされる。だが、文革と新左翼運動の思想と行動との親和的関係性をめぐる研究は、今日においても十分に行われているとはいいがたく、その問題性も根源的にはほとんど解明されていない。とくにこの集団的狂気とも呼べるような暴力の正当化は、いったいいかなる歴史・社会・政治・経済・文化、そして思想の諸構造、条件の下で行われ、さらにそれらがいかなるプロセスで全面的に展開していったのかをめぐる解明は、中国国内においてさえ、いまだに半ばタブー扱いされている状況下にある。

こうした文革期におけるさまざまな武装闘争の具体的局面については、宋永毅氏（カリフォルニア大学ロサンゼルス校教授）が精力的に明らかにしている。たとえば、広西の党委員会組織は十万人の人員と四年をかけて「文革遺留問題」の処理にあたっている。党委員会が作成した

**図 4**

**毛主席のプロレタリア革命路線の勝利万歳**

上海人民出版社制作、
一九六七年発行

報告書（『広西「文革」檔案資料』）によると、広西では文革期に約二十万の冤罪、約八万九千人の不正常な死、行方不明二万人、名前不明の死者三万人以上、少なくとも十五万人が虐殺され、民間の調査では二十万人以上が殺害されたという。このなかには、殺害後に心臓・肝臓を摘出、食人が横行するという凄惨なケースが含まれている。さらに食人以外にも、軍の師団が組織的に民衆に対して殺戮を行ったり、女性に対する性暴力が行われたことも報告されている。

## 文化大革命の遺制と薄熙来事件

薄熙来の側近、王立軍重慶副市長が二〇一二年二月七日、成都の米総領事館に保護を求めたが拒否され、北京に連行された。この報道を契機に、この事件の内幕が次々に明らかにされていった。政治局委員でかつ太子党として知られる薄熙来は二〇〇七年、いったん重慶に左遷されたものの、そこで暴力団撲滅・毛沢東讃美で胡錦濤政権に挑戦していった。だが、やがて数々の冤罪の訴えに対する追及を浴び、王立軍による「トカゲのシッポ切り」に追い込まれていく。これによって、重慶で文革時代を肯定する「唱紅」運動を展開していた薄熙来が二〇一二年三月十五日、突如失脚する（薄熙来事件）。その前日の三月十四日、全人代閉幕後の記者会見の席上、趙紫陽の元側近であり、保守派・軍の反発が根強い温家宝首相は、「この社会問題の解決を図らないと文革再来の恐れがある」と語っている。

この重慶の「運動」では、多くの民間実業家が無実の罪で極刑に処されたり、資産を没収されつつ、八十日間で三万三千件の刑事事件が摘発され、九千五百人が逮捕された。薄熙来は舞台裏の工作という不文律を破って、毛沢東に似た大衆迎合の政治的手法を用い、指導層を恐れさせた。その重慶支配の実態とは、犯罪の捏造、拷問による自白、実業家の恐喝、薄の敵対者への復讐、身内への利益供与等であったにもかかわらず、九人の常務委員中六人が、「打黒」運動が始まった二〇〇九年以後、足しげく重慶詣でをしていたというものである。これらの事実は、そうしたトップリーダー周辺をめぐる権力構造が背景にあったことを如実に物語っている。

一九八九年の天安門事件を契機に政治的には完全に排除された趙紫陽とは異なり、いまも政治的な基盤を残しているのが胡耀邦であり、八九年四月の胡の死去に伴い、そのあとをついだ改革派の趙紫陽を補佐していたのが温家宝である。八七年の「反自由主義」運動の手法と思想が文化大革命の流れを汲むものと考えていた胡耀邦は、当時の状況を「中堅の文革」と呼び、その後も「小さな文革がくるだろう」と警告しつつも、「やがてそれは歴史の表舞台から徐々に消えていくだろう」との認識を示していた。この意味でいえば、重慶事件とは、まさにこの「中堅の文革」の再来であった。このように文化大革命は、いまだにその暗い影を、現代中国社会に投げかけているのである。

## 参考文献

矢吹晋『文化大革命』講談社現代新書、一九八九年。

安藤正士、辻康吾、太田勝洪『文化大革命と現代中国』岩波書店、一九八六年。

厳家祺、高皋『文化大革命十年史』上中下巻、辻康吾訳、岩波書店、二〇〇二年。

宋永毅編『毛沢東の文革大虐殺』松田州二訳、原書房、二〇〇六年。

徐友漁、鈴木賢、遠藤乾、川島真、石井知章『文化大革命の遺制と闘う——徐友漁と中国のリベラリズム』社会評論社、二〇一三年。

石井知章『中国革命論のパラダイム転換』社会評論社、二〇一二年。

# 文革とは何か

徐友漁（及川淳子訳）

二〇一六年は中国の文化大革命勃発から五十周年、終結から四十周年の節目にあたる。今回、日本で機会を得て、東京の明治大学で開催されたシンポジウムにおいて皆様と共に文革について議論することができ、大変嬉しく思っている。

三十年来、この話題は中国大陸ではタブーとされてきた。政治情勢が次第に厳しくなり、今年はさらなるタブーとなっている。明治大学の多大な努力によって、文革について議論する機会が多くの研究者に提供されたことに、心から感謝を申し上げたい。これは将来を見通した企画であり、中日両国の研究者と人民が相互理解を深め、東アジアの平和を強化するために有益である。

一般的に、文化大革命は一九六六年五月十六日に勃発したと考えられている。なぜならば、この日に中国共産党中央委員会が文革を推進する通知を出したからだ。その中で、毛沢東は「党内のブルジョアジー」を攻撃せよという号令を下した。

まず、文革とは何か、何が文革で、何が違うのか考えてみよう。文革とは災難であり、大きな災禍であったという人がいる。なぜなら、文革中に多くの人が死亡し、あるいは負傷したり、無実の罪を着せられたからだ。一方、文革は人民の盛大な祝祭日であったという人もいる。なぜなら、文革中に人々はわずかな時間ながらも言論の自由と結社の自由を享受し、特権階級を批判する権利を手にしたからだ。私は前者の観点に賛成するが、その論拠は中国の統治階級のエリートとは異なる。彼らは、自分たちが文革中に苦労を味わい、ひどい目にあったので文革は災難だと考えているが、私がさらに重要だと考えているのは、幾千幾万の中国の民衆があらゆる苦しみを経験し、すべての民族に災難をもたらしたからだ。以下、簡単に十の事例を挙げて、文革中に何が起きたのかを説明しよう。

ひとつは、大学入試の取り消しである。一九六六年六月、中央政府は大学入試を取り消す命令を下し、大学生と中高生は授業を受けずに革命に加わった。中国で入試による大学入学が復活したのは一九七七年末のことだ。

二点目は、大批判大会とつるし上げ大会である。学生たちといわゆる革命大衆は、校長、教師、学者、芸術家、作家、官僚を公の場で譴責して辱め、彼らは反革命の修正主義分子と呼ばれた。言うまでもなく、例えば、地主、富農、右派分子などの伝統的な階級の敵は、さらにひどい迫害を受けた。

三点目は、個人崇拝である。毛沢東は「偉大な指導者、偉大なリーダー、偉大な総司令官、偉大な舵取り」と呼ばれ、彼の言葉は「その一言一言が真理であり、その一言は一万語に値する」と考えられ、憲法と法律を超越する威力を有していた。『毛沢東語録』は五十余りの言語に翻訳され、総印刷部数は五十億冊余りに上る。

四点目は、「破四旧」である。いわゆる「破四旧」とは、「旧思想、旧文化、旧風俗、旧習慣」を打破する運動で、「新思想、新文化、新風俗、新習慣」を打ち立てるのだと言明された。学生たちは図書館で略奪し、書籍を燃やし、教会やモスクをたたき壊し、墓地を破壊するなどした。また彼らは、地主のようないわゆる階級の敵を北京などのあらゆる大都市から追い出した。文化大革命によってもたらされた破壊は、実に驚くべきものだった。一部の統計データによれば、紅衛兵が一九六六年八月に北京で実際にやったことは、千七百名余りを撲殺し、三万世帯余りの家捜しを行い、個人所有の住宅五十二万件余りを没収し、十万人近い人々を北京から追い出したという。

五点目は、血統論である。高級幹部の子弟は一九六六年五月に紅衛兵を結成し、組織は血統論を原則とした。「親が英雄なら息子は好漢。親が反動的なら息子も馬鹿」というのが彼らのスローガンだ。彼らは出身階級が良くないクラスメートを陵辱し、彼らが運動に参加する権利を剝奪した。

六点目は、革命経験大交流である。中央政府の奨励によって、一九六六年夏以降に中国の中高生と大学生であれば、誰でもどこへでも自分の行きたい場所に行けるようになった。「革命経験大交流」によって、飛行機を除くすべての交通機関を無料で利用することができ、訪問先では無料で食事を提供してもらうことができた。無銭旅行に出かけた人は一千万人以上にのぼり、その大多数は北京に行って、毛沢東の謁見を受けたのだ。当時の交通や生産がどれほどひどい状態だったか想像できるだろう。

七点目は、革命模範劇である。文革期間中、中国の八億人が鑑賞できたのはわずか八種類だけのいわゆる革命模範劇だった。それらはすべて毛沢東夫人の江青の指示によって制作され、彼女は「文化大革命の旗手」と称えられていた。

八点目は、イギリス代表処を焼き討ちしたことである。一九六七年八月二十二日、革命運動の大衆はイギリスの駐北京代表処を包囲して強行突入し、攻撃、破壊、略奪、建物や車への放火を行い、イギリスの外交官を侮辱し、殴打した。また同時に、香港でも暴動が発生した。

九点目は、知識青年の下放である。一九六八年末から、千七百万人の中高生が強制的に農村や山間部に追いやられ、革命の再教育を受けた。

十点目は林彪事件である。一九七一年九月十三日、林彪とその妻と息子が中国から逃亡し、飛行機事故によってモンゴルで死亡した。当時の中国共産党規約と中華人民共和国憲法に基づけば、林彪は毛沢東の法定継承者だったので、林彪事件は中国共産党にとって深刻なイデオロギーの危機となった。

文革による最大の破壊は、法治を踏みにじり、人権を侵害し、人を傷つけたことだ。以下、

**図 5**

**人間界の正道は変遷である**

華北、中南、華東にプロレタリア文化大革命を視察

浙江「工農兵」美術大学提供、
浙江人民美術出版社制作、
発行時期不詳

政府機関の発表によれば、不完全な統計データではあるが、文革中に四百二十万人が拘禁と審査を受け、百七十二万人が不正常な死によって命を落とし、十三万人の政治犯が反革命の罪でその場で死刑に処せられた。武闘で死亡した人は二十三万人、障碍が残った人は七百万人余りに及ぶ。

「文革とは何か」を理解するには、以下の問題について考える必要がある。つまり、毛沢東はなぜ文革を発動したのかという点だ。文革の混乱や破壊行為は多くの人にとって、必要なかった。毛沢東は、自らが設立した政党と政権を、大衆を動員して打ち倒し粉砕する必要などなかったのだ。彼が自分の政敵を打倒したいならば、ソ連でスターリンが行ったように、また毛沢東が文革以前に国防部長の彭徳懐元帥を粛清したように、党内の粛清によって目的を達成することが可能だった。

毛沢東がなぜ文革を発動したのかという問題について、以下三つの考え方がある。ひとつは、指導者の間で政策に対する見解の相違があったというものだ。毛沢東はマルクス主義を堅持し、公正と平等を堅持し、社会主義と共産主義を実現しようとしたが、彼の政敵は資本主義政策を実行したため、中国社会には貧富の分化が現れ始めた。そこで、毛沢東は中国における資本主義の復活を防ぐために、文化大革命を発動したという考え方である。二つ目は、毛沢東が文革を発動したのは、純粋に権力闘争が目的で、毛沢東は自らの強大な権力が失墜したと感じたために、自分の権力が脅かされることのない地位を回復するよう、競争のライバルを攻め落としたという考え方だ。三つ目として、毛沢東が文革を発動した動機には、政策の不一致と権力闘争の両方があったという人もいる。

私が考えるに、政策に対する見解の相違は、毛沢東が文革を発動して劉少奇を打倒するに至った唯一の原因ではない。劉少奇は文革の早い段階で打倒されたが、彼の主要な罪名は「反逆、スパイ、裏切り者」で、「毛主席に反対した」として彼を非難したのは副次的な要素だった。文革が始まると、劉少奇は毛沢東の力に屈してすべての過ちを改め、あらゆる権力を差し出し、故郷に帰って農作業をしてもよいと発言した。しかし、毛沢東が手を引くことはなく、言うまでもないが、毛沢東は劉少奇とすべての関係者を徹底的に始末した。確かに、毛沢東と劉少奇は政治路線と政策の面で相違があった。劉少奇の政策はわりと現実的で、経済の発展を重要視した。それと比較すれば毛沢東の政策は急進的で、短期間で社会主義と共産主義を実現させようとした。そのため、毛沢東が文革を発動したのは劉少奇との政策の不一致が原因であり、彼らの権力闘争も関係していたという文革研究者たちの観点に同意する。私の観点を具体的に詳述すれば、以下のとおりである。

権力を奪取するために、毛沢東と中国共産党は一九四九年の建国以前から中国の人民に約束していた。それは、彼らが政権を掌握した後で実施する政策はソ連式ではなく、社会主義革命はまだ遙か遠い先なので、現段階の政治綱領を新民主主義と称し、諸党派と中国共産党が政権を分け持ちあい、市場経済を含む混合型の経済政策を認めるというものだ。しかし、実際に政権を掌握すると、毛沢東は新民主主義という約束を顧みることなく、社会主義革命を推進した。一方、劉少奇は新民主主義の約束を忠実に守り、新民主主義を強固にして発展させると主張した。そのため、毛沢東は党内序列二位の後継者という劉少奇の地位を取り消そうと決心したのだ。

一九五三年にスターリンが逝去すると、毛沢東は、今後、世界の共産主義運動でトップの地位に就くのは自分以外にはいないと考えた。しかし、彼は大きな困難に直面していた。ソ連は中国よりも経済的に先進的で強大だ。毛沢東は自分が世界のリーダーになるために、中国を強大にしなければならなかった。彼は大躍進運動を発動し、短期間のうちに中国経済をイギリスやソ連、ひいてはアメリカを超えるまでにしようと企てた。不幸なことに、大躍進政策は悲惨な最後を迎えた。だが、劉少奇の指導とその実務的な政策によって、中国は一九六〇年代半ばにはようやく災難から抜け出すことができた。経済が回復する中で、劉少奇の権力は次第に強くなり、その声望も次第に高くなったので、毛沢東に対する脅威はもはや容認できないほどまでになった。そこで、毛沢東は文革を発動して劉少奇を排除しようと決意したのである。

毛沢東が大きな災いを引き起こし、劉少奇はその局面を収拾したにもかかわらず、なぜ中国の人民は毛沢東の劉少奇打倒を支持したのかと疑問に思う人もいるだろう。これには二つの理由がある。第一に、ほとんどの人が実際の状況を理解していなかった。毛沢東が批判にさらされて苦しい立場に置かれた時には、毛沢東の腹心である林彪が現れて「我々が過ちを犯した唯

**図 6**
**毛沢東同志を領袖とする中国共産党万歳！**

江蘇出版制作、
一九六九年発行

一の原因は、毛沢東主席の指示のとおりにやらなかったからだ」と言った。第二に、文革が始まったばかりの頃、毛沢東は権謀術数で劉少奇を騙して大衆を弾圧させ、大衆を刺激して怒らせた。その後で毛沢東が立ち上がって劉少奇に反対し、大衆を擁護して解放したので、大衆からの熱狂的な支持を勝ち取ったのだ。

毛沢東は文革の運動が始まったばかりの五、六月に北京を離れ、劉少奇に仕事を取り仕切らせた。劉少奇と各レベルの党委員会は中国共産党の従来の方法に基づいて、左派、中間派、右派に人民大衆を区分し、言うことを聞かない人たちを右派や反革命として攻撃した。七月、大衆と党組織および劉少奇との間で衝突が頂点に達すると、毛沢東は突如北京に戻り、党組織と劉少奇が大衆を弾圧したことを非難した。毛沢東は大衆を支持し、弾圧を受けて反革命とされた人たちを解放すると公言したのである。弾圧されていた人たちが、その時毛沢東にどれほど感謝し、劉少奇と党組織をどれほど恨んだか想像できるだろう。

まさに、シモン・レイが以下のように述べたとおりである。

毛沢東が紅衛兵を動員して利用するやり方は、西太后が義和団を動かしたやり方と極めて似通っている。彼は大衆の普遍的な不満を自分の敵に向けさせたが、その不満は自身の統治によって生じたものだ。より深く理解すれば、そうした不満はそもそも彼自身に向けられるべきである。毛沢東自身が築いてきた官僚制度は、長きにわたり青年たちの不満や失望の原因となっていたので、彼らが爆発するのはいつでも容易い。毛沢東がすべきことは、自分の私的な敵を告発し、制度の根本的な原因として（実際のところは、彼こそが悪例を作り出した張本人だが）、多方面にわたる憤りや嘆きを彼らに向けさせ、彼らを痛い目に遭わせれば、それでよいのだ。

ここで、文革とは何かという問いに、あらためて答えることができる。文革とは、理想的な社会の実現というスローガンを叫び、大衆の大規模な動員を手段として、個人崇拝と集権化を行い、文化と文明に反し、法治を踏みにじり、専制を強化して発展させた政治運動であった。

毛沢東が紅衛兵と学生を利用して自分の政敵を打倒し、権力を完全に自分の手中に収めた後、一九六八年の夏、突如として「今度は若者たちが過ちを犯す番になった」と宣言した。これは、毛沢東が彼らを必要とせず、政治の舞台から彼らを追いやろうと決めたことを意味していた。一九六八年八月、毛沢東派の労働者と軍人はすべての大学を占拠した。一九六八年末、毛沢東は数百万もの中高生を都市から農村や山間部へ強制的に追いやった。その後、彼はひとつまたひとつと運動を発動し、かつて彼に従っていた造反派を粛清した。文革後期、毛沢東の大衆に対する弾圧は、劉少奇による大衆弾圧が行われた初期の頃をはるかに凌ぐほどだった。そこで、すでに時遅しではあったが、学生たちは熱狂と盲信から抜け出して文革を反省し、批判するようになり、毛沢東に対する崇拝から覚醒し始めたのである。

毛沢東は劉少奇を打倒し、忠実ではないと見なした数千万にも上る幹部を粛清して、全国の各省でそれまでの党委員会と政府に代わる革命委員会を自分の思うように設立し、さらには、彼のために命さえも投げ出すような紅衛兵や学生たちをいとも容易く追いやった。しかしながら、彼が発動した文革は成功しなかった。文革は徹底的に失敗して終わりを告げたといえよう。

一九七六年、文革に対する不満は最高潮に達し、人々は天安門広場に集い、毛沢東の妻である江青や文革を指導したその他の高級官僚たちを譴責した。彼らは毛沢東の忠実な部下だった。毛沢東は現代の専制皇帝だというスローガンを叫ぶ人もいた。毛沢東の死後にベテラン官僚たちが毛沢東の妻を捕らえてクーデタを発動した時、彼らが驚きと喜びと共に気づいたのは、そもそも中国の広範な人民は文革を憎み、彼らの政変を支持していたということだった。

もとより、人々の態度や政治的立場は文革の過程で次第に変化し、熱狂的な文革支持から疑問や反省へ、毛沢東に対する盲目的な崇拝と追随から不満や反感へと変わった。まず、紅衛兵や若い学生たちが、文革は権力闘争や党内の派閥闘争に満ちており、中国の前途や中国人民の福利には関係ないと気づいた。そして彼らが理解したのは、劉少奇が大衆を弾圧し、毛沢東が大衆の庇護者なのではなく、実際には自分の目的を達成するために大衆を利用して、少しも容赦なく大衆を弾圧しているということだ。一九六八年末から、中高生のほとんどが農村、山間部、辺境地域に追いやられた。家族や故郷を離れた苦しみや辛い生活は、彼らの不満をますます強烈にした。農村の貧困と立ち後れは、彼らが受け入れていた「中国の社会制度は世界で

**図 7**

**文化大革命の大軍（紅衛兵）を閲兵（第二回）**

偉大な領袖毛主席と親密な戦友林彪同志は天安門楼上に並ぶ。林彪同志曰く「この運動は規模が大きく、たしかに大衆を動員し、全国人民の思想革命に深遠な意義を有する」
上海人民美術出版社制作、
一九六六年発行

もっとも優れている」という政治の神話を打ち砕いた。誰も想像出来なかったことだが、彼らが農民の元で知ったのは、一九四九年に共産党が政権を掌握してからも、農民の生活はそれ以前の状況にさえ及ばず、さらに、大躍進と人民公社化の運動で幾千万人の農民が餓死したということだ。

文革後期、全国各地で学生たちの地下読書運動が見られた。当初は、「封建主義、資本主義、修正主義」と見なされた書籍が大人気で広まったが、そうした本の中には、西洋の古典的な文学作品、高級幹部の閲読に供する内部発行の書籍、フルシチョフがスターリンに反対した極秘報告、一九五七年の反右派闘争の際に発表された共産党批判の言論なども含まれていた。林彪事件は若い学生たちの政治的な信仰を徹底的に破壊したが、それは政治の一大スキャンダルであり、また笑い話でもあった。なぜなら、林彪は毛沢東が自ら抜擢した後継者で、「毛沢東思想の紅旗を最も高く掲げた」人だと言われていたからだ。文革期には、文革に反対し、現存の政治制度に疑問を抱くような異端の思想が次々と生まれていた。読書し、思考し、探索する多くの人たちは、逮捕されたり、刑罰を科せられたり、ひどい場合は死刑に処せられたが、文革に反対し、毛沢東思想の観点や理論に疑問を呈する声は押さえることはできず、むしろ広まったのである。

文革がもたらしたひとつの結果は、文革後、中国人の独立意識を大幅に強化したことである。かつて紅衛兵だった人が、次のように言っている。

文革期、八億の中国人にはひとつの頭しかなかった。つまり、毛沢東ひとりだけが思考することができ、他の人は服従するだけだった。その結果として、毛沢東の考えが正しければ、全国のすべてのことが正しく、毛沢東の考えが間違えば、全国のすべても間違えてしまう。文革後、誰もが自分の肩に頭がひとつ乗っていることに気がついた。自分で頭を働かせて考えることも可能で、他人の思考を自分の思考に代えることなど出来ないと気づいたのだ。

文革以前、党は神聖で、疑問を抱いてはならないものだったが、文革がそうした考え方を変えた。まさしく、張暁成が「文革における党の高級幹部に対する際限ない非難は、党のイメージを損ない、もはや修復不可能に見える。造反と奪権を呼びかけた結果、若者だけでなく、多くの人たちが権威をものともせず、中央指導者の権威さえ蔑視している」と述べたとおりだ。毛沢東の期待に反して、ある意味で文革は現代中国の民主化運動を促した。文革期、若い学生たちは熱狂的な毛沢東主義者だったが、文革後、彼らはその情熱をもって西洋の政治理論を学び、彼らがかつて蔑視や批判していたもの、例えば、分権とチェックアンドバランス、人権、法治、憲政民主などの原則を理解し、現代中国の民主化運動における中堅的な勢力になったのである。

文革の影響は深遠であり、また複雑でもある。文革は中国の経済を破綻の淵にまで追い込んだ。権力が高度に集中した計画経済は通用せず、外の世界と交流を絶つことによってもたらされた結果は、経済の立ち後れと貧困ということを人々にはっきりと認識させた。こうした点を考慮して、文革後の指導者は改革開放政策と市場経済政策を実行したのだ。文革は、鄧小平などの中国の指導者たちに政策の再考を余儀なく迫った。仮に文革がなければ、中国は長期にわたってソ連のブレジネフ時代のような「停滞の時代」に陥っていただろう。文革は、中国を新たな時代へと先導したのである。

だが、中国政治の慣性は非常に強く、中国共産党が一党専制を擁護する決意は、異常なまでに強固だ。

一九七〇年代末から一九八〇年代初頭は、中国の人民と統治者にとって蜜月期であった。文革期に官職を奪われて迫害を受け、その後に復職した官僚は一般庶民の名誉回復を行い、官民が共に文革を非難し、文革期に発生した残虐な行為や惨劇を明らかにした。だが、共産党はすぐに禁止令を発し、文革について語ることを許さなくなった。鄧小平の指示は、「昔のことはなしにして、団結して前を見よう」というものだ。なぜなら、つまるところ文革は、中国共産党が中国の人民にもたらした災難であり、文革について批判すれば、自ずと「まさか、毛沢東ひとりに責任を負わせるのか、私たちの制度にどのような問題が生じたのか」と問うことになるからだ。

**図8**

**毛主席は心の中の赤い太陽**

慶祝建国十七周年

大型彩色文献記録映画
中央新聞記録電影製片廠・八一電影製片廠聯合制作、中国電影発行放映公司
一九六九年発行

一九九〇年代の半ばから、次第に多くの中国人が懐かしい口調で文革を語るようになり、文革を再び望む声まで聞かれるようになった。なぜなら、中国社会では、不公正、不平等がますます激しくなり、貧富の格差もさらに拡大しているが、人々にはそうした状況を変える力がないため、かつて文革期に用いた方法で腐敗した汚職官僚を摘発し、打倒したいと期待するほかないからだ。だが、そのような希望は現実離れで、また危険でもある。これは当局が文革について語ることを禁止した結果なのだ。五十年の時を経て、文革は腐敗を一掃して社会を粛正する運動なのだと多くの人が誤解している。

中国の政治家には毛沢東を崇拝している人が多い。彼らが文革で学んだ策略と手段は、必要があれば自分の同僚も攻撃して、あらゆる悪事をライバルになすりつけ、政治制度の弊害を彼らの過ちや恥ずべき行為だと言いくるめて、自分を人民の庇護者に仕立て上げるというものだ。そうしたやり方は、彼らが権力を奪取したり、あるいは政治的な危機を乗り切るのに効果的だ。中国では、第二の毛沢東になりたいと考えている人はひとりに留まらず、実際のところ、心の奥底はプチ毛沢東だという人が多い。

近年、文革回帰の形跡が絶えず現れ続け、そして、ますます顕著になっている。文革期に毛沢東が「偉大な指導者」と呼ばれていたように、現在の指導者は「核心」と呼ばれているが、これは実質的には同じことで、どちらも個人崇拝である。彼らの言葉が真理であり、法律なのだ。文革と同様に、憲法と法治に違反する事件が次々と現れて尽きることがない。文革期は街中を引き回して人身を侮辱したが、現在はテレビで懺悔を強いて自分自身を辱めるというやり方だ。文革のイデオロギーは極めて熱狂的で、人々は党と偉大な指導者を称える「紅色歌曲（革命歌）」を大声で歌ったが、現在もまた「紅歌」が流行している。

文革について語り、文革の中で行われた人類と文化に反する暴行について語るとき、私の心はとても穏やかではいられず、非常に辛い。私は極めて憂慮に満ちた思いで、中国が再び文革の影に覆われているのを目にしている。しかしながら、私自身の経験に基づけば、中国が本当に文革に戻ることはないと堅く信じている。文革は中国の悪夢であり、文革は中国の夢ではない。

# 広西文革における大虐殺と性暴力

宋永毅（徐行訳）

※〔 〕は訳註を示す。文末註はすべて訳者によるものである。

## 一　広西文革の五つの特徴

広西チワン族自治区は毛沢東が発動・指導した文化大革命という内乱における甚大な被災地である。自治区全体で二十三万件近い冤罪・捏造・誤審の事件が発生し、档案記録によると、殺害または迫害を受けて死亡した者の中で、氏名と住所が残された者だけでも八万九千七百人以上いる。無名の死者、またはいわゆる「失踪者」も加えると、実際のところ、不正常な死を遂げた者は十二―十五万人に達する。民間の調査によると、二十万人以上に上る。この数字は全国一位である。文革が終わった後、北京に赴き不平を訴える人が後を絶たなかったため、胡耀邦や習仲勲といった中国共産党中央の改革派の指導者は相次いで三つの調査グループを派遣し、李鋭や周一鋒といった中央規律検査委員会、中央組織部、公安部における開明派の幹部が責任者となり、または直接リーダーとなって広西に赴き、調査を行った。また、再建された広西自治区の党委員会も十万人を組織し、四年余りの時間をかけて、自治区内で文革の遺留問題を処理する活動（略して「処遺」という）を展開した。一九八六年から一九八八年までの間に、広西自治区党委員会の「整党領導小組」（党紀粛正指導グループ）辦公室が、各地・市・県の党委員会が査定して提出した「文革「大事記」（重大事件年表）、大事件」の資料、及び当該辦公室が編纂した『広西文革大事件』と『広西文革大事記』を合わせて、全十八冊の『広西「文革」档案資料』を編纂した。この資料は一つの省クラスの行政区に起きた十年間の災禍を最も詳細かつ完全に記録した史料だと言える。しかも、その「政府背景」は疑いようもない権威性をもたらした。中央からの調査グループが三回にわたる調査で作成した極秘文書と報告の一部も合わせると、広西文革における血生臭いあらしの真相の大きな一部分を世間の人に示したと言えよう。歴史の真相を明らかにして保存するために、私はアメリカの五つの大学に所属する郭建、丁抒、周原、周澤浩、沈志佳といった中国系の学者たちと一緒に、一九九八年に『中国当代政治運動史数拠庫（中国現代政治運動史データベース）』編集部を組織し、（香港中文大学とハーバード大学より）文革、反右派闘争、大躍進＝大飢饉、及び五〇年代初期政治という四つの大型データベースを出版した。先進的なデジタル技術を駆使して四万点以上の歴史文書档案を保存し、毛沢東時代の政治運動と人道災難の歴史を記録した。文革五十周年に際して、我々はアメリカの図書館の協力の下、上記『広西「文革」档案資料』をベースに、その他の極秘文書も追加して、三十六巻、七百万字にも及ぶ『広西文革機密档案資料』を出版した。中国共産党の為政者たちは文革における反人道的・反人類的罪を隠蔽するために、真相を示すこれらの史料を隠蔽するだけではなく、苦心して偽物の史料をでっち上げて人々を混乱させようとしていることは、文革を研究する学者なら、みんな知っている。以下の二つの表は問題の所在をはっきりと示している。

二つの表における統計データの大きな差は、少なくとも我々に二点の有意義な発見を示した。

第一、文革後の中共による公開出版物には、歴史の真実と嘘を混淆するという大きな問題が存在する。表1が示すように、政府が公開出版した各種の県志において、七つの県で一万人以上の文革期の暴力の被害者がその生き生きとした存在の痕跡を抹消されてしまった。この種の公開かつ卑劣な隠蔽は、個別的な事例において人を驚愕させるほどのレベルに達している。例えば、霊山県に関する機密档案の記録によると、被害者の数は三千二百二十人であったが、公開出版された県志には僅か八人しか記載されていない。また、表2を見れば分かるように、為政者は公の場で彼ら自身が黙認ないし推進した「人肉食」のような極悪非道な罪とスキャンダルに対して、一切認めないというダチョウ戦術を取っている。

第二、中共当局が把握している文革の史料の中では、「内部」のものが公開出版されたもの

| 県名 | 政府が公開出版した県志の記載 | 政府の機密档案における統計 | 人数の差 |
|---|---|---|---|
| 賓陽県 | 37 | 3,951 | 3,914 |
| 霊山県 | 8 | 3,220 | 3,212 |
| 貴県 | 3,026 | 3,171 | 145 |
| 臨桂県 | 1,991 | 2,051 | 60 |
| 平楽県 | 38 | 1,926 | 1,888 |
| 上林県 | 171 | 1,923 | 1,752 |
| 合浦県 | 968 | 1,723 | 755 |
| 各県の人数の合計 | 6,239 | 17,965 | 11,726 |
| 平均変化率 | 100% | 288% | 188% |

表1　文革期における不正常死亡率が最も高い七つの県の被害者数に関する広西自治区政府の統計データ（一九八〇―一九九〇年）

| 県名 | 政府が公開出版した県志の記載 | 政府が公開出版した自治区志の記載 | 政府の機密档案における統計 |
|---|---|---|---|
| 武宣県 | 0 | 0 | 75 |
| 霊山県 | 0 | 0 | 36 |
| 合浦県 | 0 | 0 | 36 |
| 浦北県 | 0 | 0 | 35 |
| 上思県 | 0 | 0 | 26 |
| 隆安県 | 0 | 0 | 21 |
| 忻城県 | 0 | 0 | 14 |
| 武鳴県 | 0 | 0 | 12 |
| 被害者数の合計(広西全体) | 0 | 0 | 302 |
| 平均変化率 | 0% | 0% | 100% |

表2　文革期における人肉食事件の発生率が最も高い八つの県の被害者数に関する広西自治区政府の統計データ（一九八〇―一九九〇年）

よりも真実に近い。「秘密」または「機密」レベルのものは「内部」のものよりもさらに真実に近い。類推すると、「極秘」または「最高機密」レベルの文書档案は、おそらく歴史の真実からそう遠くはない。ただ、全体主義の為政者たちは決して市民に知る権利を与えたくない。

上記三十六巻、七百万字の『広西文革機密档案資料』を読めば、広西の文革の五つの特徴を見出すことができる。

（1）全国すべての省・直轄市の第一書記が打倒され、または異動された十年の間に、「広西王」と称された広西自治区の第一書記・自治区政府主席・広西軍区第一政治委員である韋国清だけが打倒されることなく、広西軍区、各県の武装部及び基幹民兵から強く支持されていた。
（2）「四類分子〔地主、富農、反革命分子と破壊分子〕」（及びその子弟）を消滅するために自治区全体に波及した大虐殺が行われた。
（3）人肉食、すなわち革命大衆が「階級敵」の心臓・肝臓等を切り出して肉を食べるという風潮が相当な規模に達していた。
（4）軍隊が数個師団の兵力を動員し、直接画策・指揮して、一つの大衆組織を攻撃・殲滅した。それに伴って、大規模な捕虜殺害の現象が起きた。
（5）大虐殺に伴う自然な副産物として、女性に対する性暴力と性犯罪は、平和期の中国大陸でいまだかつてない規模で集中的に起きた。夫を殺して妻を姦淫することや父を殺して娘を姦淫することが、相当長い間に一部の農村地域における社会の常態となっていた。

その他の省・直轄市と全く異なる広西文革のこれらの特徴から、一つの自治区の比較的完全な機密・極秘档案資料を通じて、中国全体における文革を研究・分析し、「文革とは一体何だったのか」という疑問に答えることは、現代中国の歴史と現実にとって並大抵ではない意義を有する。ただし、紙幅と時間の関係で、本稿は主に「大虐殺」と「性暴力」の二つの特徴に焦点を当てている。広西文革における人肉食の風潮に関しては、別稿で詳しく述べており、広西文革における軍隊の役割に関しても、専門的に論述する予定であるため、本稿では省略する。

## 二　階級絶滅――広西大虐殺の中国的特色

文革中全国各地の民衆が一般的に大きく二つのグループに分かれていたように、広西においても自治区ナンバーワンの韋国清を打倒するかどうかをめぐって、二つのグループに分かれた。打倒韋国清を主張する「四・二二」派（広西四・二二革命行動指揮部）は、庶民の造反派であって、基本的な構成員は若い学生、市民、産業労働者、下層の知識人及び少数の幹部である。その身分構成は比較的複雑であって、人数的には少数派である。軍隊による支持も獲得していない。

韋国清を支持する「聯指」派〔無産階級造反派聯合指揮部〕は、人数的には多数派である。基本的な構成員は党・団〔共産党と青年団〕の中堅メンバーと武装民兵である。しかも軍隊、すなわち広西軍区と各地の武装部がその後ろ盾となっている。両派が一九六七年四月に形成されて以降、小規模な武闘〔武力闘争〕を繰り返し、一部の人員の死傷を招いた。ところが、大規模な不正常死は一九六七年末から一九六八年七月までの間に、主に農村地域を中心に起きた。常識から推測すると、死亡者は両派による武闘の積極的な参加者のはずであるが、機密档案の資料は予想外の真実を突き付けて歴史の錯覚を正した。

「文革」期間、広西では八万四千人余りが死亡した〔一九八四年の統計〕。そのうち、「七・三布告」[1]の後に死亡したのは四万九千二百七十二人で、全体の五十八・三%を占める。革命委員会の成立を分水嶺とするならば、成立前に死亡したのは一万二千四百五十七人で、全体の十四・七%を占めており、成立後に死亡したのは七万千八百十六人で、全体の八十五・三%を占める。死亡した八万四千人余りのうち、武闘で死亡したのは僅か三千三百十二人である。武闘ではない状況下で、打ち殺された者、迫害を受けて死亡した者、または失踪した者は八万八百十人に達し、全体の九十六%を占める。以上の統計数字から以下の二つの結論を導き出すことができる。「文革」の十年間、（1）広西における殺人の多くは指導者の指揮の下で計画的に行われた。（2）殺人の多くは武闘ではない状況

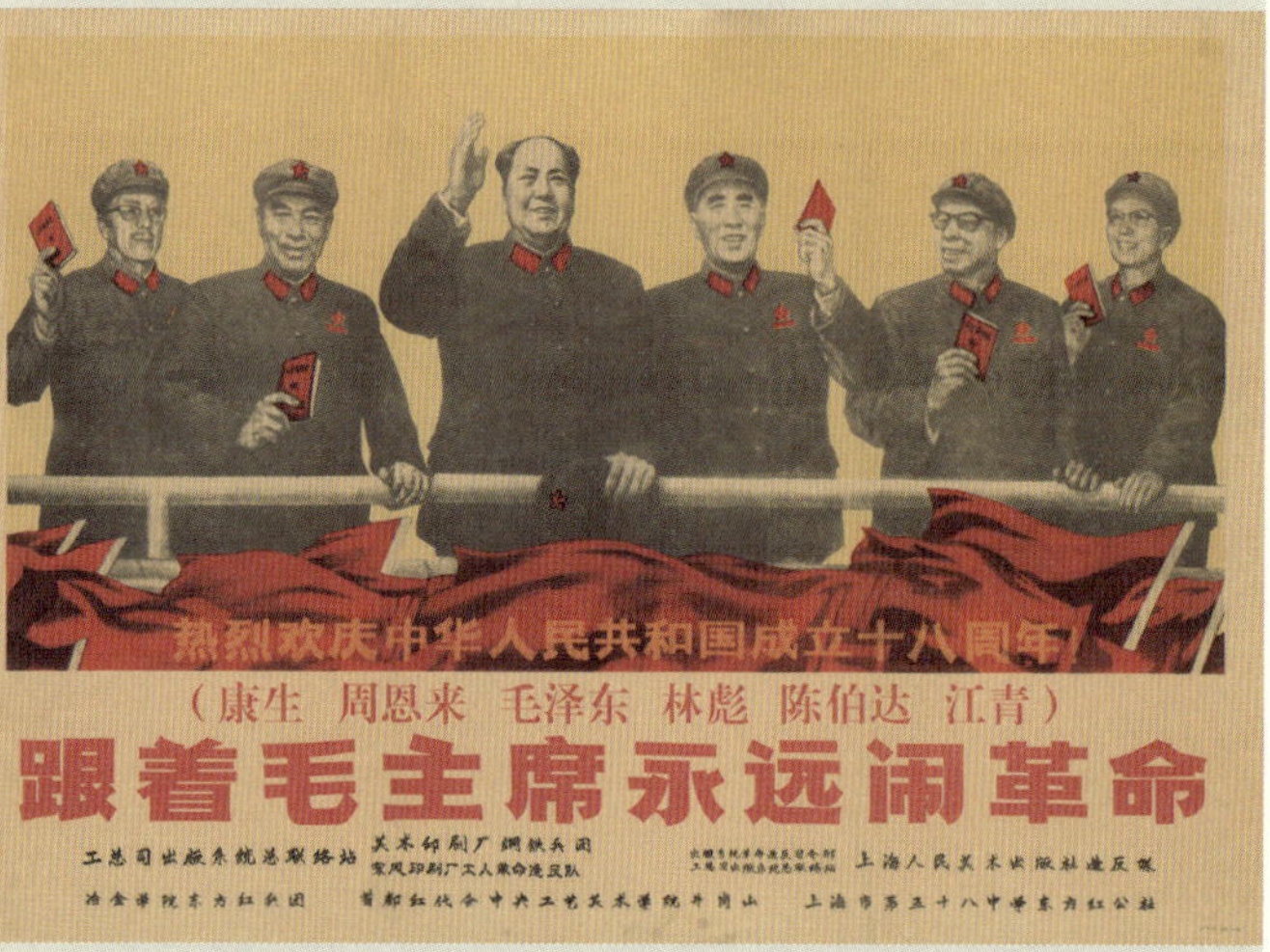


**図 9**

**毛主席に従って永遠に革命を（康生、周恩来、毛沢東、林彪、陳伯達、江青＝建国十八周年）**

工総司出版系統連絡站、冶金学院東方兵団、美術印刷廠鋼鉄兵団ほか提供、一九六七年発行

図 10

**毛主席と林彪同志が天安門上で百万の文化革命大軍（紅衛兵）を閲兵**

人民美術出版社制作、
一九六六年発行

下で、個別的または集団的に行われた。

「武闘ではない状況下で」、「計画的に」、「個別的また集団的に殺害された」被害者の社会・階級構成をさらに詳しく分析すると、より驚くべき発見が待ち構えている。以下の統計数字はいくつかの機密・極秘文書に記載されているものである。

一九七四年――広西自治区民政局の統計によると、自治区内の農村と町住民（南寧、柳州、桂林、梧州の四市、自治区直轄の各行政区、工場と鉱山を除く）のうち、一九六八年の一年間で殺害または打ち殺された者は七万五千七百六十一人である。そのうち、農村人民公社の構成員と町住民は二万六千四十人で、四類分子（「地主」、「富農」、「反革命分子」と「破壊分子」）とその子女は四万九千七百二十一人で、全体の六十五・六二％を占める。

一九八一年――組織再編前の広西チワン族自治区党委員会における文革期間の不正常死を処理する指導グループ辦公室の一九八一年の統計によると、一九六七年と一九六八年の年間不正常死亡者数は四万四千人である。そのうち、幹部と一般大衆は約一万七千人（自殺者数が含まれない）で、四類分子とその子女は二万七千人である。言い換えれば、被害者の六十一・三六％が四類分子、すなわち伝統的な階級敵である。当時広西に赴き再調査を行った中央規律検査委員会と中央組織部の調査グループは、これでも低く見積もった数字だと認定した。

一九八五年――広西チワン族自治区党委員会の党紀粛正指導グループ辦公室が編纂した『広西「文革」档案資料』の中で公開された十四の県の統計資料によると、被害者の中で「四類分子」が占める割合は三十四%にも達している。その他、多くの「四類分子」の子女も連座され、被害者の七%を占めている。両者を合わせると、四十一%になる。

上記三回の調査の平均値を広西文革の被害者の社会・階級構成の人口比とするならば、半数以上の被害者（五十六%）が四類分子とその子女だという事実に気づく。この集団に属する被害者の総数は五―八万人にも達している。この点が分かれば、以下のことを簡単に推測できる。つまり、彼らが「不正常な死」を遂げたのは、決して「武闘」のせいではなく、まさしく「殺害」されたのである。四類分子は共産主義中国の建国以来の階級敵であって、長い間各クラスの国家の暴力装置によって厳しい独裁と管制の下に置かれていた。文革初期（一九六七年一月十三日）、中共中央と国務院がさらに「プロレタリア文化大革命における公安活動の強化に関する若干の規定」（略して「公安六条」という）を公布し、以下のように厳しく規定した。「地主、富農、反革命分子、破壊分子、右派分子……、反動的な立場を堅持するその家族に対しては、外出して連絡し合うこと、名前を変更し、経歴を偽造して革命大衆組織に潜り込むこと、裏で操り扇動すること、ましで自分で組織を打ち立てることを禁ずる。これらの人々がもし破壊行為を行えば、法により厳しく処罰すべきである」。これら数万人にも及ぶ「黒五類」〔四類分子と右派分子〕は派閥活動に参加する可能性もなければ、切羽詰まって無謀にも銃を持って武闘に参加する可能性もない。彼らは完全に政治的な身分のせいで罪もなく虐殺された被害者でしかあり得ない。したがって、彼らは「中国のユダヤ人集団」と呼ばれていて、「迫害を受けているその他の者と異なっているのは、彼らの罪が基本的に歴史的な身分によるもので、種族と同様、もはや変えられない。……迫害のモデルもこの集団の存在によって確立された。身分に対してレッテルを貼り、刑法上の罪がなくても、公民としての一切の権利を失い、「大衆独裁」すなわち民衆暴力の目標となることもあるし、命の保障がない。罪は任意に捏造することができるし、法的な手続きによる認証を経る必要がない。あなたが生きられるかどうかは完全に「形勢」、すなわち生存環境における暴力の程度に依存している」。西洋の学界では、この種の大虐殺は「democide」と呼ばれていて、広く国家による虐殺を指す。その中には、ジェノサイド、政治的絶滅を意図する虐殺が含まれている。また、「階級絶滅」と呼ばれることもある。政府による「特定の社会階級全体に対する大虐殺」を意味する。

機密档案の中には、百件以上の階級絶滅的な大虐殺の事件が記載されていて、その範囲は広西全体に及ぶ。これらの記載を詳しく読めば、共通する四つの特徴を見出すことができる。

図 11

**毛主席は永遠に私たちと心を連ねる**

毛主席が文化革命の大軍（紅衛兵）を閲兵（第七回）

大型彩色記録映画
中央新聞記録電影製片廠・八一電影製片廠聯合制作、中国電影発行放映公司
一九六六年発行

第一、それは完全に政府によって意図的に作り出された無政府状態である。

一般人なら大虐殺の発生は造反運動が政府機関を機能停止させたため、悪者がそれを機に動乱を起こしたと考えるかもしれない。実際の状況は全くその逆である。文革中、打倒または異動されなかった省クラスの党委員会第一書記・軍区第一政治委員は韋国清ただ一人である。断固として彼を守ろうとした「聯指」派は主に彼が代表している国家政権の基本的な構成要素、すなわち軍隊、警察（軍事管制されている）、民兵、基層の権力者、特に農村の幹部によって構成されている。それに対して、広西の造反派は一九六六年末から一九六七年初めまでの全盛期においても、権力を掌握したことはなかった。そして、軍隊が「三支両軍」(2)をすべきだという最高指示が下されると、一九六七年二月から四月までの間に、広西軍区と各県の武装部が公検法〔警察・検察・裁判所〕を軍事管制下に置いただけではなく、省・市・県の三つのクラスで現役軍人をトップとする「革命に取り組み生産を促進する指揮部」を設立し、革命委員会が成立する前の実際の権力機構となった。言い換えれば、文革中の広西には権力の真空期が一度も存在しなかった。したがって、それによって無政府的な大虐殺が引き起こされる可能性もなかった。広西における四類分子とその他の民衆に対する大虐殺は主に三つの段階に分かれる。一九六七年秋から一九六八年春までは第一段階で、一九六八年三月—七月は第二段階、第三段階は一九六八年中共中央が「七・三布告」を公布してからの数カ月間である。いずれの段階においても各クラスの政府が意図的に赤色テロによる無政府状態を作り出していることが確認できる。

档案の記載によると、大虐殺の「最初の血」は桂林地区の全州、灌陽、平楽の各県と玉林地区の容県、平南、博白の各県で流れた。湖南省の道県で起きた四類分子に対する虐殺の影響を受けて、上記各県では「貧下中農最高法廷」や「貧下中農反革命鎮圧委員会」といった「違法組織」が出現し、四類分子とその子女をむやみに殺害した。九月から十二月までの間に、地主・富農とその子女計四百四十人が殺害された。この段階では、殺人事件の首謀者はまだ各生産大隊の民兵大隊長や人民公社と各区の武装部部長といった基層政権の代表である。ここで注意すべきなのは、当時の各地の軍隊、武装部、軍事管制委員会と「革命に取り組み生産を促進する指揮部」はそれを早急に制止するどころか、むしろ積極的に提唱していた。例えば、一九六七年九月、灌陽県人民武装部（略して人武部という）の政治委員原紹文は公然と現れたばかりのいわゆる「貧下中農最高法廷」を支持し、数日間で百五十八人を殺害した。さらに、彼は上級部門に提出した報告の中で、殺人の罪を「現地での死刑執行、敵を先制攻撃する革命的な行動」と称し、「貧下中農の意気を大いに高め、階級敵の威勢を大きく失墜させ、民衆は手をたたいて賛同した」と報告した。一部の軍事管制委員会は傷口に塩を塗るようなことまでした。例えば、富川県公検法軍事管制委員会は、大虐殺から運良く逃れて負傷して助けを求めてきた十三歳の地主の子供・唐吉全を虐殺の場所に送り返して死亡させた。一九六八年三月―七月になると、広西各地区・県の革命委員会が相次いで成立し、韋国清をトップとする広西チワン族自治区革命委員会準備グループも成立した。それ以降、各地の区・県の武装部部長、革命委員会の責任者も次々と「赤色政権を守る」という名義で、直接画策し虐殺に参加した。そして、被害者の構成主体も「四・二二」派の幹部・民衆に及ぶようになった。上思県を例に挙げると、文革後の「処遺」において、「県人武部部長段振邦ら四十八名を逮捕して裁判にかけた。その中には人民公社書記四名、公社人武部部長五名が含まれている。段振邦と王昭騰〔思陽公社武装部部長、民兵を組織して人肉食を行った――作者註〕は執行猶予付き死刑に処され、他の人は有期懲役刑に処され、そのうちの一人は執行猶予付きである」。これだけでも、国家の暴力装置の代表者が率先して殺人・人肉食を行った恐ろしい規模が窺えるだろう。簡単に言うと、文革中の虐殺と暴力のほとんどは一種の国家の暴力装置による行為である。すなわち、政権による民衆に対する直接的な殺戮である。いわゆる「暴民政治」は国家の暴力装置の行為の一種の結果または延長に過ぎず、ひいては国家の暴力装置が直接的に利用した形式に過ぎない。

ただし、大虐殺の黒幕は決して区・県クラスの為政者にとどまっていたわけではない。極秘文書の中にある確固たる証拠によると、広西のナンバーワンとして、韋国清が直接に大虐殺をほのめかした。武鳴県は〔思想、政治、組織、経済の四つを清める〕四清運動の際に韋国清が自ら出向いたモデル県である。一九六八年六月下旬、梁同大隊の党支部書記梁家俊、副書記黄錫

**図 12**
**毛主席と林副主席が文化革命の大軍（紅衛兵）を閲兵（第八回）**

〈最高指示〉君たちは国家の大事に関心を持ち、プロレタリア文化大革命を徹底的に遂行しなければならない
制作者不詳、新華書店
一九六六年発行

基（韋国清が出向の際に彼の家に泊まっていた）、元書記梁其均の三人が南寧市に赴き、指示伺いと報告のために韋国清を訪ねた。その日の夜九時、大隊党支部書記梁家俊が韋国清に対して、「我々はあなたに反対し、あなたを打倒しようとした「四・二二」の反革命の牛鬼蛇神を全部始末する」と言った。韋国清は笑顔を浮かべながら、正面からの回答を避けたが、上機嫌で三人の大隊幹部と深夜一時まで談笑した。韋国清の真意を探り当てた三人の幹部は帰ってからすぐ虐殺を画策し、帰った当日の夜に四類分子を含む計五十四人を殺害した。武鳴県で最初に殺人に着手したのは梁同大隊である。その後、全県に梁同大隊の経験を押し広めて、計二千百人余りを殺害、打ち殺し、または迫害して死亡させた。そのうち、幹部は七十四人、工場労働者は十一人、貧下中農と学生は千二百七十八人、四類分子とその子女は八百二人である。梁同大隊党支部副書記黄錫基は殺人で手柄を立てて、一気に武鳴県党委員会副書記兼城廂公社書記に昇進した。

政府はなぜ本来なら制止しなければならない無政府状態を作り出したのだろうか。韋国清の腹心黄錫基が殺人で昇進した例を見れば豁然として悟るだろう。加害者は自分自身が作り出した赤色テロにおいて、確固たる政治的立場を示すと同時に、種々の実益を得ることもできる。機密档案によると、文革中の広西において、直接手を下して殺人をした者と殺人に関わった者の主体は共産党員である！　文革後の「処遺」再調査グループの統計資料によると、広西自治区全体には五万人近い共産党員の殺人犯がいる。そのうち、「二万八百七十五人が入党してから殺人を犯した者で、九千九百五十六人が殺人を犯した後に入党した者である。殺人に関わった党員は一万七千九百七十人に達した」。一九八四年以降の「処遺」活動において、自治区内で二万五千名の党員が党籍剝奪の処分を受けた。

第二、大虐殺における加害者集団の高度な組織化と被害者集団の「高度な被組織化」である。これらの「組織化」と殺戮の手法は、文革前の十七年間の政治運動からその痕跡と法的根拠を見出すことができる。

注意すべきなのは、大虐殺が発生する前、体制内の画策者はみんな熱心に体制外の加害者組織の形成に力を注いだ。例えば、いわゆる「貧下中農最高法廷」、「貧下中農反革命鎮圧委員会」、「貧下中農聯合指揮部」、「社隊聯合横掃牛鬼蛇神指揮部」〔公社と大隊が連合して牛鬼蛇神を一掃する指揮部〕、「衛革指揮部」〔革命を守る指揮部〕、「保衛赤色政権指揮部」といった組織を作り出し、直接殺人の担い手とした。今までのところ、中共の機密档案はこれらの組織を「違法組織」と称している。ナチスドイツによるホロコーストとスターリンによる大粛清にはこのような手法は見られない。ところが、中共が一貫して提唱してきた「大衆独裁」の中では、これらの組織の名前は人々が聞きなれているものであって、建国以来の各種政治運動においても合法な組織であった。一九五〇年代初めに起きた大規模な「暴力的な土地改革」と「反革命鎮圧運動」に

図 13

**毛主席と親密な戦友林彪副主席および周恩来同志が天安門の城楼に登る**

新華社記者撮影、
一九七一年発行

**図 14**

**文化革命の大軍（紅衛兵）を閲兵（第五回）**
偉大な指導者、偉大なリーダー、偉大な総司令官、偉大な舵取り

紅衛兵の腕章をつけた毛沢東
北京新華書店制作、
一九六六年発行

おいて、中国の農村地域で少なくとも数百万人の地主・富農または歴史的な反革命分子が虐殺された。直接の殺戮者となったのは、まさに様々な「人民法廷」と「貧下中農委員会」であった。加害者が被害者に対して、まず「殺人現場会議」または「公判大会」を開き、つるし上げてから判決を下し、最後に野蛮な私刑で殺害するというやり方も、土地改革で地主を殺す際のプロセスのコピーである。違法に見えるこのような組織は、文革前の四清運動において、階級集団を再組織する重要な手段の一つとして「二十三条」[3]にも書かれていた。有名な「貧農、下中農協会」がそれである。実は、文革初期の紅衛兵も体制内の最高指導者が直接支持した「体制外」の手先組織として見ることができるのではないだろうか。今日披露された種々の史実が以下のことを示している。これら熱狂的な若者がやった「家財の没収」や「黒五類を北京から駆逐する」、「すべての牛鬼蛇神を一掃する」といった行動は、中共中央最上層部の「首都工作グループ」が文革の前夜にすでに制定した目標に過ぎなかったのである。紅衛兵運動は彼らが時期と情勢を判断してうまく利用して先陣を切らせたナチス的な「突撃隊」に過ぎない。

これらの組織が「違法」であるという錯覚は、中共が公布した書面上の法令とそれが発動した多くの政治運動における潜在的なルールとの混同に由来する。毛沢東と中共は一貫して上品な書面上の法令ではなく、暴虐な政治運動を通じて国を治めてきた。また、これらの違法組織を作ることで、彼らは自分自身が犯したいかなる反人道的な罪の責任も背負わなくて済む。体制外の殺戮が行き過ぎた場合、彼らは体制内の顔を見せてそれを正し、自分の公正さを示すこともできる。まさに自由自在で、うまく立ち回れる。

もっと注意すべきなのは、もう一つの側面である。つまり、無数の罪もない四類分子または「四・二二」派の幹部と民衆が訳も分からないうちに高度に組織化され、様々にでっち上げられた反革命組織のレッテルを貼られたことである。档案によると、この種の組織は百種類以上に上る。例えば、四類分子が貧下中農を目標とする「暗殺団」、「暗殺隊」、「貧農を殺し、中農を残し、地主と富農を守る反動グループ」が挙げられる。また、「四・二二」派について言えば、「広西反共救国団」、「反共救国軍」、「農民党」、「平民党」、「六九五五部隊賀竜同盟軍」が挙げられる。楽業県を例に挙げると、一九八七年三月の「処遺」档案の統計によると、全県で十九個もの大規模な反革命集団がでっち上げられた。各区の報告によると、具体的には板洪の「反共聯蘇聯美戦闘隊」、幼平の「反共救国軍一〇七一団」、山洲の「反共聯蘇聯美」、幼平の「国民党先遣軍」、福楽の「反共救国団」、中学の「反共救国団六七一二五楽業縦隊」、平茂の「反共救国軍」、山洲の「九九聯蘇反共戦闘隊」、幼平の「反共救国団飛虎軍暗殺戦闘隊」、平足の「中蘇連絡站」、雅長の「中華民族反共救国団広西分団楽業縦隊雅長六中隊」、達福の「除暴安民」、県城の「中国青年党」、「青年近衛軍」、「地下運輸隊」、「地下軍」、「山区紅師遊撃隊」などが挙げられる。これらの「反革命組織」を調べ上げるために、「三百名余りの幹部・民衆が……暴行を受け、監禁され、公判にかけられた。そのうち、十二人がつるし上げられて打ち殺されまたは銃殺された。四十人余りが逮捕され拘禁された。三十七人が暴行を受けて障害を残した」。文革後、これらのいわゆる「反革命集団」は、当然ながら冤罪・捏造事件として見直され名誉回復された。それを見ると、大虐殺の発生において、最も重要なのは被害者が真の「黒五類」であるかどうかではなく、彼らが「赤色政権」の反対派であるかどうかである。「階級敵」は必要に応じて恣意的にでっち上げられるものである。たとえあなたの歴史が潔白であっても、加害者は罪をでっち上げて、あなたを恣意的に特定の「反革命組織」の中に「組織化」することができる。苦心して無実の民衆に「四類分子」のレッテルを貼ってから殺害するというやり方の背後には、文革前の政治運動における単純な法的正統性の論理が隠されている。すなわち、四類分子は階級敵であって、革命によって消滅すべき対象である。これらの人々がその一員に「組織」された以上、彼らを殺すことは合理・合法なことになる。したがって、文革中の大虐殺は文革前の十七年間の政治運動における殺戮の一種の延長に過ぎない。それまでの政治運動の慣例に従うと、それが合法なだけではなく、合理的でさえある。ただ、その現れ方が少々集中的かつ誇張的であったに過ぎない。

第三、虐殺の目的は生命を絶つことではなく、殺戮における官能的・心理的快感を享受することにある。

その非人道性と非正義性を強調するために、『広西文革機密档案資料』は非常に詳細に加害

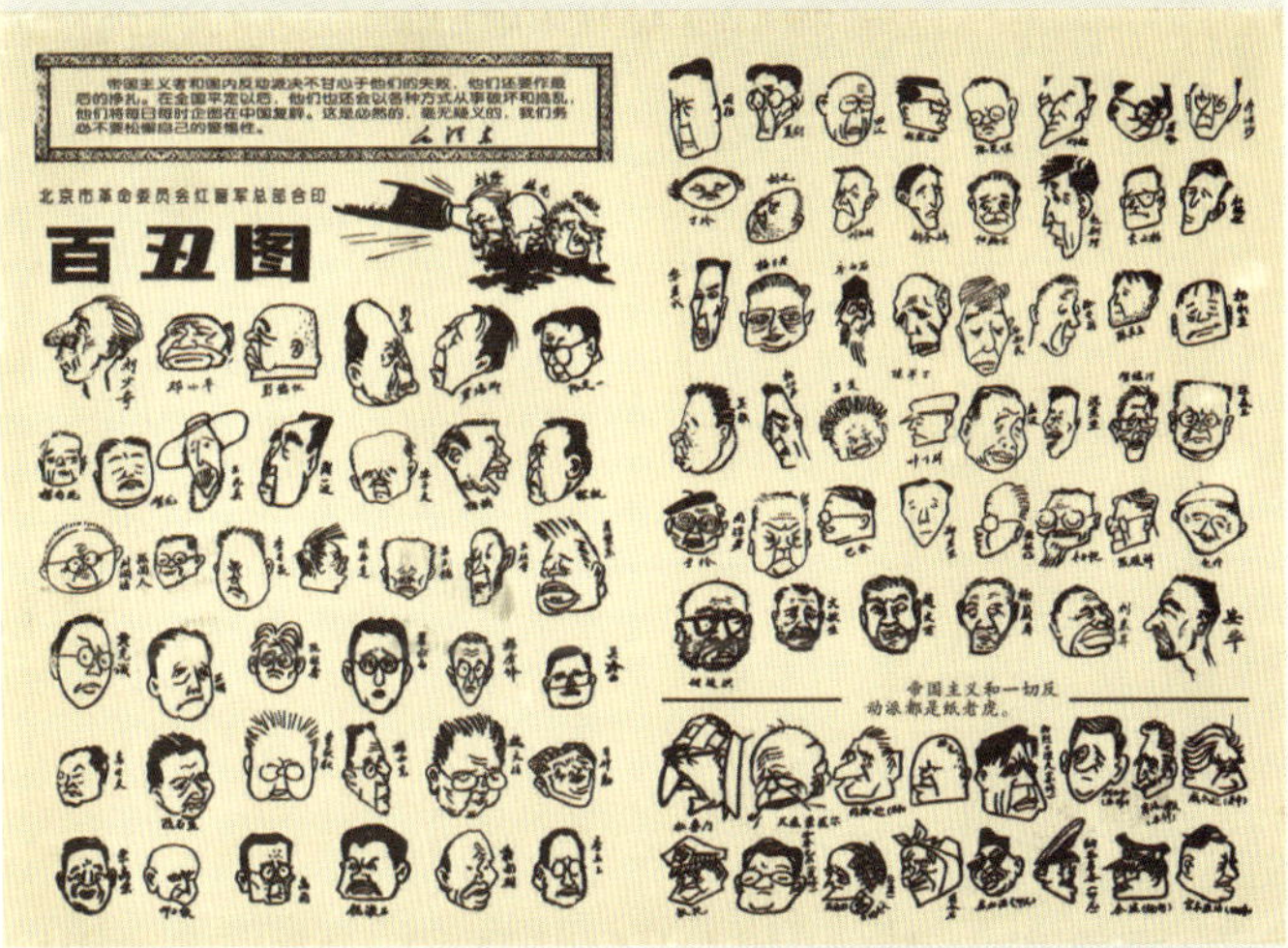


**図 15**

**百醜図**

帝国主義者と国内反動派の復辟を警戒
北京市革命委員会紅画軍総部制作、
年月日不詳

者の驚くべき残虐さを記載した。殺害方法は、叩き殺す、溺死、銃殺、刺し殺す、切り殺す、引きずり殺す、生きたまま肉を切り取る、打ち殺す、首吊りの強要、追い囲んで殺害、腹を切り裂いて肝臓を切り取るなど、数十種類にも及ぶ。また政治迫害における拷問の手段として、綱引き〔被害者の腰に綱を結び、両側から引っ張る〕、銃殺を装って脅迫、生き埋めを装って脅迫、「刲猪」〔豚を屠るように細い糸で被害者を縛って苦痛を与える〕、長時間水に浸かる、犬の糞を食べさせる、下半身を裸にして街中に引き回す、かかとを踏みつける、「坐坦克」〔戦車に乗る、詳細不明〕、「坐老虎凳」〔仰向けの状態で長椅子に縛り、太ももを固定した状態で足を高めることで膝関節の激痛を誘発する〕、街中に引き回しながらつるし上げる、吊り上げて物を投げつける、跪きの強要、手錠、足枷、木製の枷によって足を固定する、長時間走らせる、醜く化粧して街中に引き回すなど、百種類以上が挙げられる。加害者はできるだけ早く被害者の命を奪いたいわけではなく、拷問と殺害の過程で獣的な快感を十分に享受したいということは明白である。これらの拷問がどれほど残忍で人々を震え上がらせたかを知りたいなら、環江県中学校党支部書記龍孟庄が経験した「慈母が涙ながらに息子に毒薬を飲むように勧めた」という物語を読めばいい。一九六八年三月、龍氏の母親が自分の息子が経験した様々な非人道的な拷問を目の当たりにした後、なんと食事を届ける際に毒薬を息子に渡し、「涙を流しながら、息子に毒薬を飲んで自殺し、これ以上の苦しみから逃れるよう勧めた」。

加害者にこのような官能的・心理的快感が生まれたのは、間違いなく中共が長い間にイデオロギーの中で階級敵を「非人間化」してきたことと関連する。すなわち、彼らは人間ではなく、排除しなければならない「臭い犬の糞」、「蛆虫」である。したがって、階級敵を殺すことは殺人ではなく、人類のために害虫駆除をしているだけである。これらの档案の中で、殺された四類分子はよく「豚」と呼ばれる。そして、殺人計画を立てることは「生きた豚の調達任務を完成する」と称される。特に自治区の革命委員会が成立する前、各県はみんな通知を下達して「豚」を屠って自治区革命委員会に祝いを送る」よう指示した。こうした四類分子に対する悪魔化と非人間化の情報操作は、加害者の心理的緊張または負担を和らげるという重要な役割を果たせるほか、彼らに虚偽の正義感を与えることもできる。

ところが、上記の殺人手法は残酷ではあるものの、まだ良心のかけらもない最たるものではない。韋国清を代表とする「赤色政権」による黒五類と反対派の民衆に対する迫害と殺戮は、人類の一員として常に守るべき人倫の道を大きく踏み外した。例えば、殺人犯たちは息子に自分たちの目の前で父親を殺すよう強要した。一九六八年六月二日、「むやみな暴行、殺人が横行している中、永福県堡里大隊革命委員会が開いた大衆つるし上げ大会において、黄広栄をつるし上げて打ち殺した後、その息子黄明新に父親の頭を包丁で切り落として墓に供えるよう強要し、その後黄明新をも打ち殺したという惨劇が起きた」。また、加害者は往々にして「生きること」を餌に、一部の四類分子をその他の同類を殺すよう仕向けて、その後すぐ約束を破って彼らをも殺してしまう。例えば、横県巒城区が一九六八年九月に開いたいわゆる「反共救国団つるし上げ会」において、加害者たちは事前に殺害を画策して何正督ら七人（何の息子三人を含む）を会場に連行してつるし上げた後、まず何正督を打ち殺し、李錫亮（地主）らと被害者の三人の息子（何斌、何武、何威）に死者を那督山に運んで、穴を掘って埋めるよう命令した。何斌と何武が父親を穴に入れた後、殺人犯はすぐさま兄弟二人を穴の中で銃殺した。三男の何威（僅か十三歳）はこの悲惨な状況を目の当たりにして、泣きながら帰ろうとしたら、山の中腹で銃殺された。結局、地主の李錫亮も逃れることができず、絞殺されてしまった。似たような状況はほかにもあり、宜山県北牙公社保良大隊の農民覃瑞年が銃殺された後、頭が切り落とされて、加害者がその妻に無理やり夫の頭を持たせて街中に引き回した……

第四、虐殺は往々にして「根こそぎ」に、一族全員死に絶えさせるような形で行われた。その残忍さの背後には往々にして財産を奪うという卑劣で醜悪な動機が隠されている。

広西における階級絶滅的な大虐殺の中、多くの地方において、「兄を殺せば弟も必ず殺す、父を殺せば必ず子も殺す」というような「根こそぎ」的なやり方が提起された。一九六七年九月、この殺人の風潮がまだ起きて間もない頃、全州県において、悪名高い「東山黄瓜沖生き埋め殺人事件」が起きた。民兵大隊長黄天輝らが画策して地主・富農及び無実の民衆・子供計七十六人を殺害した。その中には一九五〇年以降に生まれた少年少女三十一人が含まれている。大宅

図 16

**毛主席が天安門城楼で国慶のデモ大軍（紅衛兵）を閲兵（第五回）**

新華社出稿、
上海人民美術出版社制作、
一九六九年発行

村の地主唐老金を生き埋めにしようとしたとき、唐氏は三歳と一歳の孫を抱えて、加害者に哀願した。「私のこの孫を私の嫁（息子の妻は貧農の生まれである）に残してくれ、彼は何の罪も犯していない」。黄天輝らの殺人犯は頑なにそれを断り、唐氏が孫二人を抱えたまま深い岩穴に飛び込むよう無理強いした。この惨劇の中、世帯全員が殺害されたのは七戸計二十九人に上る。また、例えば、「七・三布告」の後、賓陽県が大規模な殺戮を行った。「芦墟区南山公社六炭村の呉日生一家五人のうち、呉日生が引きずり出されて打ち殺される直前、彼の妊娠七カ月の妻が三人の子供を連れて現場に赴き、自分の夫を殺さないよう哀願したが、結局彼女と二人の子供も打ち殺され、四歳の娘たった一人が怪我を負いながらも辛うじて生き残った」。

虐殺は被害者にとって、間違いなく最大の悲劇であるが、加害者にとっては、踊りたくなるような大喜劇の始まりである。これらの档案には以下のような絶えず繰り返されたモデルが記載されている。すなわち、「根こそぎ」的な殺戮の血の跡が乾く前に、加害者はすでに被害者の財産を分けるクライマックスに突入していた。被害者の家庭が所有していた鶏・鴨・豚・羊と限られた食料は、派手な飲み食いをする宴会の中で湯水のように使われてしまう。例えば、一九六八年八月十八日、大新県桃城区松洞公社党支部書記趙福とその手下趙健強らが梁超文、梁超武、梁超廷の兄弟三人とその父親梁基安を惨殺した後、「複数の人を糾合して、梁家の鶏六羽、鴨五羽、ガチョウ二羽を奪い、その日の夜に宴会を開いた。さらに、梁家のもみ百八十斤、人民元二十六元、豚一頭（総重量八十斤）、布十二尺、木の板四枚をも奪ったため、梁基安一家は人命も財産も失われた」。また、賓陽県の大虐殺において、武陵区上施公社の殺人犯が黄澤先一家全員を殺した後、「人を打ち殺した後、もう次の日の午前四時であった。この一群の人々が家に帰った後、黄樹松はまた人々を率いて黄澤先の家財を没収した。没収された財物は村の小学校に運ばれ、その日の夜にきれいさっぱりと分けられた」。このような実質的な物質的利益があるからこそ、広西各地が競い合うように四類分子一家全員を「根こそぎ」に殺害し、彼らの財物を奪おうとした。一九六七年十一月二十九日、鍾山県石龍区松桂小郷寨義頭生産隊の女性社員鄒清華と息子潘恵興がいわゆる家庭の出身が悪くて、親族の中に台湾に行った人がいるといった理由で、「外国に内通している」、「暗殺団」に参加しているといった無実の罪を着せられて、同じ穴に生き埋められて殺害された。この虐殺事件を画策するとき、貧農協会主任の潘煥益が繰り返し被害者の財産を餌に、二つのグループの殺人犯による競争をけしかけた。以下は档案の中に記載されている「次の日」に起きた事件に関する記述である。

鄒清華親子を生き埋めにした次の日、潘連照、潘義信が民兵潘義洪、潘火興、潘培興、潘聚興らを連れて、潘恵興の家に赴き、その場で千斤余りのもみ、スギ材二十五本、現金七十元、鶏二十数羽、新しい蚊帳一張、綿入れの服一着、新しい布団一床を没収した……没収された家財は鶏を除いて全部競りにかけられた。競りで得られたお金で、大きい豚一頭を購入し、学校のグラウンドで十数卓の宴席を開いた。村の民衆のほかに、小郷の幹部

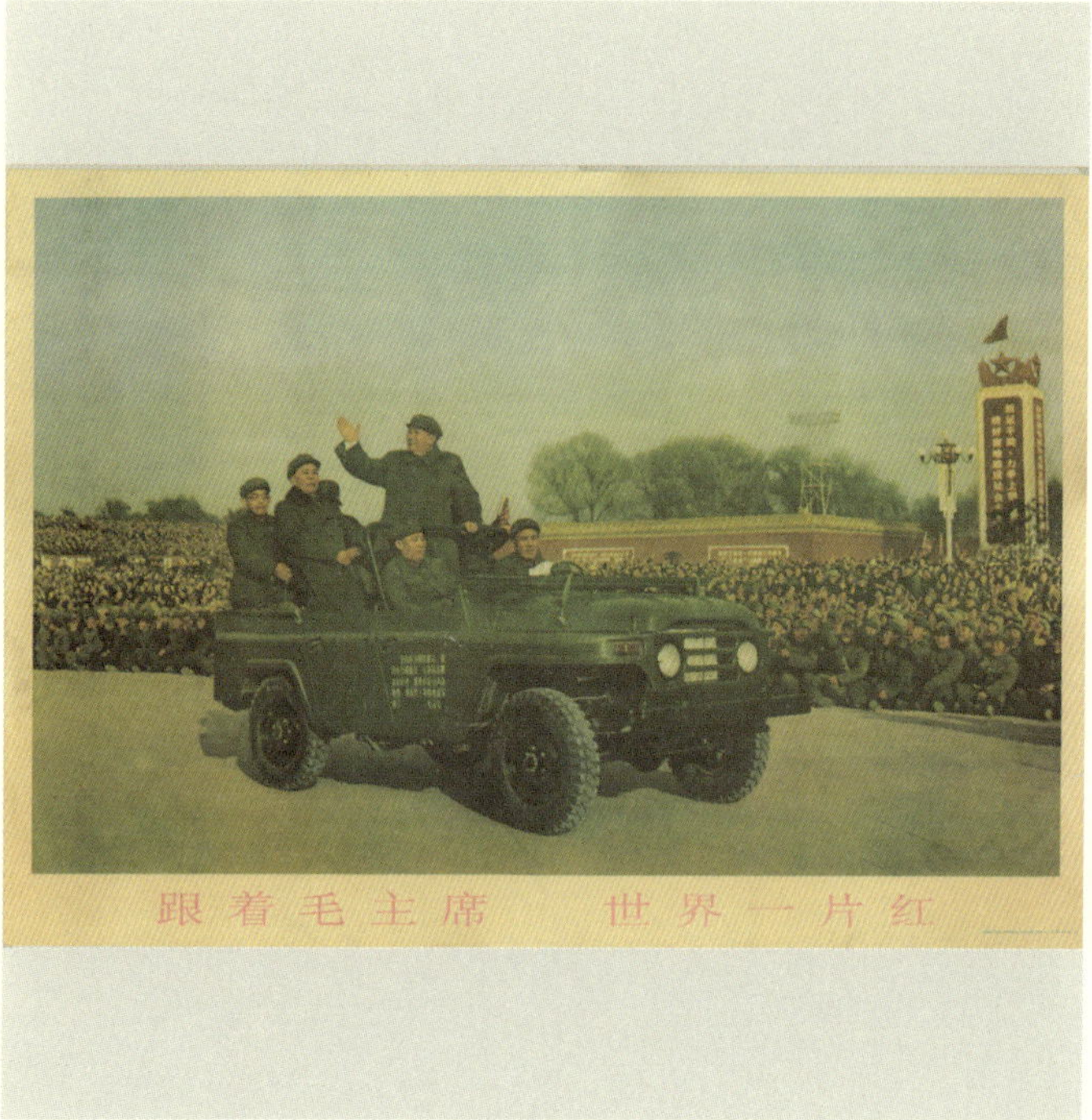


**図 17**

**毛主席に従えば、世界はすべて赤色に**

人民日報社提供、
上海人民美術出版社制作、
一九六八年発行

図18

**毛沢東、葉剣英、謝富治、汪東興同志、文化革命の大軍（紅衛兵）千三百万人を閲兵**（一九六六年八月十八日、三十一日、九月十五日、十月一日、八日、十一月三日、十日、二十五日の八回）

人民日報社制作、
一九六六年十二月発行

潘官栄、潘進興、潘瑞喜及び羅卜江、大岩口、獅子頭、松桂、老虎尾という近隣の五つの村落の代表を招待して、百十人余りの規模で会食を行い、いわゆる殺人の「祝賀の宴」を開いた。

ここまで読むと、「謀財害命」〔財物を奪うために人を殺す〕という言葉が自然と頭に浮かぶのではないだろうか。また、五〇年代初期に起きた暴力的な土地改革においても、一番多くの死者を出したのは地主から「家財を取り立てる」運動であったことを連想する人もいるだろう。確かに、中国の農村で起きたこれらの暴力において、加害者はほとんどが中国農村の「農民」またはごろつきである。その教育レベルは往々にして文盲または半文盲である。彼らに中共の階級闘争の理論を完全に理解してもらうのは困難であるし、まして毛沢東のいわゆる「プロレタリア独裁下の継続革命理論」を理解してもらうのは非現実的である。ナチスによるホロコーストとスターリンによる大粛清において、種族と階級理論が主な動機であったのに対して、中国農村のごろつきにとって、イデオロギーは利用できる単なる看板と言い訳に過ぎない。もっともらしい革命のスローガンの背後には、非常に現実的な「謀財害命」という殺人動機が潜んでいる。そして、一家全員を殺害するというやり方は彼らに最も早く、最も便利に他人の財産をすべて占有する近道を提供した。彼らが両手を挙げてこの革命の饗宴〔人を食う宴席〕を擁護しないはずはないだろう。真相は人を激怒させるものであると同時に、非常に鮮明な「中国的特色」を有している。

## 三　性暴力──組織的な大虐殺における非組織的な副産物

人類の歴史上、残酷な戦乱と虐殺は往々にして社会秩序を大きく破壊する。その中に身を置く女性は、弱者としてしばしば完全に自分の意志に反する形で精神上と肉体上の蹂躙を受けることになる。中国では、大規模な性暴力の現象は、一般的には王朝の入れ替えや異民族による侵略といった極度の内乱と外患の中で出現する。ところが、広西文革の機密档案によると、一九六七年から一九六八年までの大虐殺と政治的な匪賊討伐において、性暴力は自治区全体に蔓延した現象である。それが各区、県、市の「大事記」の中で繰り返し提起されただけではなく、档案全体においても、強姦、輪姦、性的虐待ないし性暴力を使って遺体を侮辱・毀損する事例が二百二十五も記載されており、女性の被害者数はおそらく千人を超えている。

当時の中国においても、これは異常な悪である。第一、我々が今のところ把握しているその他の省クラスの行政区における文革の派閥衝突の史料の中で、広西と同じように、父を殺して娘を姦淫する、夫を殺して妻を姦淫する、または他人の妻（娘）を姦淫する目的で殺人を行うといった現象が氾濫して災害となったところはない。第二、これほど広範囲に及ぶこの現象は当時の中国社会における性に対する普遍的な禁忌を犯した。文革前と文革中の中国は、性関係において、基本的には上層部が肉欲におぼれていて、下層社会が禁欲的で、両者が反比例する全体主義社会である。中共の上級幹部ないし最高指導者は驚くほど道楽の限りを尽くし、腐敗堕落した生活を送っていたものの、これらの情報は厳しく遮断されている国家機密である。それに対して、底辺の社会では、妻や娘を奪うことはおろか、男女間の正常な恋愛関係さえも「ふしだらな男女関係」というレッテルを貼られて、牢獄に閉じ込められ、ひいては命を失う可能性をもたらす。第三、四類分子と「四・二二」派の民衆に対する虐殺は韋国清と広西軍区の指揮官による直接的または間接的な指示によって行われたが、彼らは人の妻女の姦淫を命じる指令を出していない。言い換えれば、これは組織的な大虐殺における非組織的な特殊の暴力行為であって、広西大虐殺に伴って自然と生まれた極悪非道の副産物である。

これらの事例を少し読んでみると、驚くべき発見に気づくはずである。これらの悪質な性暴力事件には以下のような特徴がある。第一、侵害の多重性、第二、前兆性と計画性、第三、残虐性と変態性である。

第一、侵害の多重性には二重の意味が含まれている。（1）加害者側を見ると、彼らは性的侵害のほかに、財産ないし生命も同時に奪う。一般的には、このような父を殺して娘を姦淫する、夫を殺して妻を姦淫するというモデルは、古代の蛮族が中国を侵略する際の暴挙に遡ることができる。つまり、男性の被征服者を殺害してから、彼らの妻女を占有して戦利品とする。（2）

**図 19**
**偉大な領袖毛主席の万年長寿と林副統帥の健康を祝う！　永遠の健康を！**

制作者不詳、
一九六七年六月発行

被害者女性を見ると、彼女たちは治癒できる身体的な侵害だけではなく、永遠に消えない精神的なトラウマにも耐えなければならない。

一九八〇年代に行われた広西自治区の「処遺」活動において、中共はあまり世間に広西文革における極度に悲惨な醜聞と犯罪行為を知られたくなかったため、加害者に対する裁判と処理は基本的には「限りなく寛大」である。殺人に関わった数万人の犯罪者のうち、正式に銃殺刑に処されたのは僅か十人である。ところが、僅か十人の死刑囚のうち、三人が強姦殺人の罪で起訴されたのである。この三人はそれぞれ、（1）李超文、元広西容県六美郷（大隊）民兵大隊長、（2）徐善富、貴県大岺公社柳江大隊民兵大隊長、（3）王徳堂、元広西凌雲県武装部政治委員、現役軍人、凌雲県革命委員会主任である。李超文と徐善富について、両者が共通しているのは、いわゆる「階級敵」を陥れ、つるし上げているとき、被害者の遺族数十人を強姦したことである。「階級敵」による告発を防止するために、彼らは口封じのための殺人、ひいては一家全員の殺害をも画策した。甚だしきに至っては、直接女性被害者に接近し、「放水」する（民衆に引き渡して暴力的なつるし上げを行う）と脅迫して、女性被害者の極度の恐怖を利用してほしいままに姦淫するという目的を達成する。李超文事件を例に挙げると、彼はまず帰国華僑・周恒志が「爆薬を隠し持っている」と陥れて、彼を殴打して重傷を負わせた。そして、銃を持って周恒志を家まで護送した後、捜査の名目で彼の妹、僅か十六歳の周恵炎を強姦した。周恒志とその家族による告発を防止するために、彼はさらに画策して周恒志とその父親周徳の二人を殺害し、周氏の母親を自殺に追い込み、周氏の妻をも精神異常に追い込んだ。こうして李超文が周恵炎を独占する目的を達成した。上記二つの事件と比べると、王徳堂の事件は権力闘争における勝者が敗者の妻女を占有するという色彩をより強く帯びている。いわゆる「一月奪権」[4]の中、王徳堂は武装部政治委員の名義で軍隊と武装民兵を動員して県党委員会書記趙永禧の権力を奪った。ところが、趙氏は凌雲県に赴任して僅か一年で、革命烈士の子供でもあるため、民間では彼と協力して王徳堂を取って代わろうとする呼び声が非常に高い。したがって、趙永禧と彼を支持する幹部・民衆は王徳堂にとって最大の政敵となった。自分が奪った権力を守るために、王徳堂は画策して趙永禧を殺害しただけではなく、自分に反対した幹部・民衆をも残酷に迫害した。政敵に打ち勝つ過程において、彼の死刑判決書に書かれていた通り、彼は「職権を利用して、他人の危機に乗じて、脅迫といった手段を使って、相次いで複数回にわたって、被害者の家族とつるし上げられた女学生を強姦した。その内訳は、殺害された被害者の妻四人、つるし上げの被害者の妻二人、凌雲県中学校女子学生二人(「四・二二」派)、病人の家族一人である。そのほか、彼は五名の女性に対してわいせつな行為をした。その情状は特に凶悪で、手段は残忍で、結果は極めて重大で、人々の怒りは極めて大きい」。ここで特に注意に値するのは、この三人の死刑囚は罪を犯した当時、いずれも国家の暴力装置の代表であった。彼らは上からの指令を受けて性暴力を行ったわけではないものの、性暴力そのものが組織的な大虐殺の副産物であって、彼らの身分こそが国家の暴力装置は性暴力の責任と切り離せない関係にあることを明白に示した。

一般的には、農村地域の大虐殺が終わった後、四類分子または「階級敵」の妻女は往々にして無理やりに妻として殺人犯に分け与えられる。これは被害者の女性に長期的なトラウマと尽きることのない魂への拷問を与えた。彼女たちはしばしば逃げ出して他の人と結婚するか、ひどい場合は精神障害をきたし、ひいては自殺してしまう。例えば、一九六八年六月二十四日、金秀県金秀区長二公社の党支部書記・「文革」主任莫志光が、若い女性莫秀雲を姦淫・占有するために、大衆による対敵闘争大会を開き、その場で陶明栄（莫秀雲の夫）を打ち殺し、莫氏の父親を死に追いやり、母親の莫女嬌を生き埋めにした。そして、莫秀雲の子供を脅迫の材料として使い、意のままに莫氏を姦淫した。莫秀雲は莫志光の長期的な性奴隷にされたくないため、故郷を離れて異郷に逃げるしかなかった。別の例として、一九六八年三月天等県で起きた「祥元大虐殺」の後、黄正建ら殺人犯が彼らに殺害された農会沖の娘を輪姦してから、殺人犯農朝豊の妻になるよう強要した。また、彼らに殺害された農良権と農良寧の妻は、それぞれ殺人犯黄正建と蒙加豊の妻にされてしまった。しかし、間もなくこれらの女性は父や夫を殺した殺人犯との生活を我慢できず、逃げ出して他の人と結婚した。

被害を受けて自殺してしまった女性も少なくはない。例えば、扶綏県城廂公社が一九六八年八月初頭にいわゆる「反共救国団」を摘発する過程で、婦人梁美霞がそのメンバーだと陥れられて、つるし上げと暴行を受けた後、姦淫されてしまった。梁美霞は性格が剛直であるため、

**図 20**

**革命委員会は素晴らしい、プロレタリア文化大革命の全面勝利万歳！**

北京四院無産階級革命派制作、
一九六八年九月発行

八月二十日に恨みを持ったまま川に身投げして自殺した。ほぼ同時期に、扶綏県山墟区「革命委員会」がいわゆる「反共救国団」を摘発したと発表するとき、無実の罪を着せられた鄧太梅と鄧安徳を殺害し、殺人犯たちは「群れを成して死者鄧安徳の娘鄧美蘭（十六歳）、鄧太梅の嫁何連（三十二歳）、及び村で管制を受けている鄧太良の娘鄧娥嫦（十七歳）ら三人を輪姦した。少女鄧美蘭は恥辱に耐えきれず、首吊り自殺をしようとしたが、縄が切れたため一命を取り留めた」。

　時間の流れがこれらの精神上のトラウマを薄れさせたわけではない。文革が終わった後でも多くの悲劇が引き起こされた。例えば、上思県思陽公社の一人の女性が、夫が殺害された後、真実を知らないまま殺人犯に占有され、その妻となって二人の子供をもうけた。一九八三年になって、「文化大革命」の遺留問題を全面的に処理するとき、彼女がようやく今の夫は前の夫を殺害した犯人だと知り、後悔するあまり、仇の子供を残すわけにはいかないと考えて二人の子供を切り殺し、自身も気が狂ってしまった。

　殺人犯と結婚したくない女性に対して、加害者は彼女たちの家の全財産を没収するために、再婚して元の家から出ていくよう強要する一方で、常識的には考えられない「再婚費」を徴集して、彼女たちの最後の「剰余価値」を搾取した。一九六八年五月―六月、浦北県北通公社旱田大隊の「文革」主任黎亦堂が民兵を指揮して当地の地主・富農を皆殺しにした後、殺害された地主・富農の妻が再婚・娘が結婚する場合、事前に彼の許可を得て、大隊の民兵隊に「証明」費を支払ってから、初めて結婚手続きができると規定した。確認できた帳簿によると、当該大隊では六名の女性が結婚する際に、大隊民兵隊・生産隊によっていわゆる「証明」費計八百九十四元が巻き上げられた。当時の中国農村では、これは莫大な金額である。しかも、それがすべてではない。档案の記載によると、「それ以外、当該大隊の民兵隊は地主・富農家庭の現金千三百五十八・四元、地主・富農の物資を換金した収入百六十五・六元、当該大隊で副業を経営していた別地域の者の物資換金収入八百五十三・三元を没収した。統計によると、黎亦堂らが殺人する前後、民兵を指揮して没収、巻き上げた地主・富農の物資換金収入と現金は合計三千二百七十一・三元である。これら巨額の財物は殺人犯たちによって分けられてすべて消費された」。

第二、これらの事例を少し掘り下げてみると、多くの事例には一定の前兆性と計画性があることに気づくはずである。加害者はあるいは大虐殺が発生する前から被害者女性に対して非常に強い性的妄想と占有欲を抱いており、あるいは性的関係の問題で被害者及びその家族との間に不和や衝突が生じていた。そして、大虐殺がまさに彼らに欲望をぶちまけるまたは報復をする絶好のチャンスを提供した。例えば、合浦県白砂公社で起きた残忍な殺人事件がそれに当たる。殺人を指揮した者の一人である宏徳大隊治安維持主任沈春先は、ずっと前から地主朱有蓮の長男の美人な妻に対して、喉から手が出るほどの欲望を持っていて、「我々貧下中農には女

**図 21**

**毛主席の革命路線の偉大な勝利に歓呼**

一九六七年国際メーデーを祝う、彩色記録映画（工農兵）
中央新聞記録電影製片廠制作、
中国電影発行放映公司、
一九六七年発行

図 22
**偉大な教導、無尽の力量**

江南造船廠革命委員会政宣組提供、
上海人民出版社制作、
一九七一年十二月第二回発行

房がいないのに、地主の息子がこんなに綺麗な女房を貰えるなんて」と言いふらしていた。そこで、大虐殺の中、彼は民兵を指揮して朱有蓮の長男を大隊本部の裏庭に連れて行き、「わんぱくいたずら」の罪名で、彼を木の棒で打ち殺した。そして、彼の妻を大隊に呼び出して悪ふざけをして、自分の妻になるよう要求した。朱有蓮の息子の嫁がそれに応じなかったため、彼は夫の兄弟四人を相次いで殺害し、一家全員を殺した。朱有蓮の息子の嫁は仕方なく原籍の馬山県に逃げ帰ったが、それでも沈氏は諦めず、馬山県にまで行って朱氏の嫁を脅迫した。しつこくつきまとう色魔から逃れるため、朱氏の嫁は遠く離れた草江大隊に嫁いで、水力による臼を見守る老人と結婚した。不運続きの人生を送ったものの、他の人と比べると、朱氏の嫁はまだ運が良い方である。口封じのために殺害された女性もいる。例えば、天等県都康区多信郷の民兵黄全瑶は一九六二年に黄全秀にプロポーズして断られた。一九六八年三月、黄氏がまた黄全秀の寝室に侵入して彼女を強姦しようとしたが、抵抗にあい未遂に終わった。その後、黄全瑶は報復するために、一九六八年四月二日に民兵大隊長黄全通と通謀して妊娠八カ月の黄全秀を事前に掘った穴に押し込んで生き埋めにした。「黄全秀が穴の中で惨めに叫びながら一時間余りもがいてようやく亡くなった」。

第三、これらの性暴力事件は加害者のマゾヒズムと変態性を十分に示した。

一、機密档案は相当数の未成年幼女と少女が強姦または輪姦されたことを示した。例えば、一九六八年五月二十日夜、武宣県禄新区大榕郷党支部書記石朝宝が殺人犯覃錦必を指揮して、つるし上げ会で農民王徳歓を棒で打ち殺した後、覃錦必、覃世松ら四、五人がすぐさま王徳歓の家に行き、十三歳ごろの次女王凡珍を輪姦した。天等県「巴覧屯紅軍遺族殺害・孫娘強姦事件」において、殺人犯に輪姦された紅軍烈士趙維奇の孫娘趙笑浪は僅か十二歳であった。もう一人の少女、融水苗族自治県永楽公社東陽大隊の孤児李兆仙が強姦されたときも僅か十三歳であった。未成年であるため、これらの少女たちの運命は往々にして一層悲惨である。浦北県北通公社の殺人犯たちが劉政堅親子を殺害した後、九人で僅か十七歳の少女劉秀蘭を十九回輪姦した。その後、口封じのために劉秀蘭を絞殺し、腹を切り開いて肝臓を摘出し、乳房と陰部を切り取って食べた。直接被害を受けていない少女も、極度の恐怖で気が狂ってしまう、ひいては仕方なく性犯罪に走らざるをえなくなる場合がある。一九六八年七月三十日、賓陽県甘棠公社「革命に取り組み生産を促進する」指導グループのメンバー姚尚強が民兵幹部関有志らを引き連れて王宗博、王宗昇の兄弟二人を殺害した。八月三日夜、姚尚強が家財没収の名義で、王宗博の妻顔秀清を脅迫して強姦した。二日後、関有志も部屋に侵入して、顔秀清を強姦しようとしたが、顔氏が泣き叫んだため未遂に終わった。極度の恐怖を感じた顔秀清が仕方なく末子の王麗竹を連れて鄧村大隊に嫁いだ。しかし、未成年の王麗竹が精神上の極度の恐怖により、精神異常をきたした。良家の女性を無理やり娼婦にする「逼良為娼」の事例に関しては、文革後の中央規律検査委員会、中央組織部の広西調査グループによる極秘文書の中には、大虐殺後の広西について、以下のような記載がある。

多くの人は財産がひとつ残らず奪われ、生活が非常に困難である。一部の家庭では男性が全員殺害されて、孤児や老人しか残されておらず、生活のあてもなく、非常にかわいそうである。臨桂県法院院長劉錫臣夫婦と長男の三人が殺害された後、残された三人の子供は家から追い出されて、帰るところがない。生活に迫られて、当時僅か十五歳の長女が一時期売春で二人の弟と妹を養っていた。社会主義制度の下でこのような惨事が起こったのは、実に聞くに忍びないのである。ところが、区の党委員会の一部の人は今でもこの女の子は「生活態度が悪い」と思っている。

二、機密档案は相当数の妊婦が姦淫され、または意図的に拷問・殺害されて、一度に二つの命を奪う悲劇を引き起こしたことを示した。一九六八年七月十八日夜、玉洪公社合祥大隊革命委員会主任牙永庭が開いた殺人現場会議において、農民班龍顕が「四・二二」派に参加したため生き埋めにされた。「班龍顕が死亡した時、その妻韋氏平はすでに妊娠三カ月だった。しかし、牙永庭は癖がつくほどの色魔であって、同年九月に二度にわたり韋氏平の部屋に侵入し彼女を強姦した」。賀県信都公社信聯大隊が「刮台風」〔大規模な逮捕、監禁、殺人〕の際に、大衆大会を開いて羅亜銀夫婦をつるし上げることを決めたが、羅氏の夫が水利施設の建設現場で管制を

**図 23**
**革命大批判のなかで革命大連合を実現する**

〈最高指示〉すべての反動は、叩かなければ倒れない毛主席の偉大な戦略配置に従うことは、すなわち勝利である
毛主席の偉大な戦略配置に従って勇躍前進しよう！
江西師院井岡山兵団美術部隊制作、
一九六七年発行

受けて労働に従事していて戻らなかったため、羅亜銀一人をつるし上げるしかなかった。その娘陳冬蘭も一緒につるし上げられるよう求められた。大衆つるし上げ大会で羅亜銀は棒で打ち殺された。死体の傍らに跪いている妊娠八カ月の陳冬蘭が打ち殺された後、陳氏の腹部が動いていると気づいた殺人犯は、その腹部を強くたたいて、二つの命を同時に奪った。

三、機密档案は加害者がたとえ姦淫できなくても、被害者女性を見逃さなかったことを記録した。彼らは拷問の中で特に女性の乳房と陰部を傷つけることに力を入れており、時には直接被害者の死亡をもたらすこともある。また、被害者女性が死亡した後、彼らはいろいろな方法で性暴力を使って彼女たちの死体を侮辱した。例えば、一九六八年秋、南丹県車河公社龍蔵大隊が衝撃的な「反共救国団」事件をでっち上げるとき、大隊革命委員会・大隊闘争批判改革指導グループ副主任の容盛強が自ら十五歳の少女容秀梅を拷問し、「彼女の服をすべて剝ぎ取り、彼女の大腿と陰部を電灯で照らして火で炙った。容秀梅が父と母を叫んで呼び、天と地に向かって叫んだ。その悲惨な叫び声と悲痛な泣き声は、大地が泣きじゃくり、高山が涙を流すほどであった。しかし、人面獣心の容盛強は厚顔無恥にも容秀梅に対して「俺にやらせろ、絶対無罪にしてやる。断れば、死んでもらうぞ」と脅迫した」。もう一つの事例として、一九六八年三月五日、合浦県石康公社が許平志（公社の代理書記）、莫家俊（公社の武装部部長）らの画策と首謀の下で、全社万人つるし上げ大会を開いて四類分子を虐殺した。その中、圩鎮大隊の陳国蓮は、夫が労働矯正に処された後、一人で息子と娘の二人を養っていたため、生活態度が悪いと中傷された。大隊「文革」が千人余りの女性を組織して彼女をつるし上げて、無理やりふしだらな行いをしたと認めさせた。彼女の服はすべて剝ぎ取られ、犯人が棒を使って彼女の陰部を突き刺して殺害した。ほかにも同様な事件が起きていて、馬山県で発生した「心と魂を揺さぶる殺人事件——加方公社「三・二」事件」において、蘭普吉（加方公社営業所副主任）が「四・二二」派の代表という理由だけで、武装民兵に気絶するほど殴られた。彼の妻蘭盧美金がそれを見て、民兵に手加減を乞うた。ところが、夫と一緒に殴られただけではなく、殺人犯が鋭い棒で彼女の陰部を突き刺したため、彼女が大量出血で死亡した。

　また、性暴力を使って遺体を侮辱する事例も枚挙にいとまがない。例えば、霊山県陸屋公社広江小学校の女教師黄少萍は当時まだ二十三歳で、地主の生まれであるため、殺害された後、殺人犯が彼女の服をすべて剝ぎ取り、棒を陰部に突き刺して、道端に遺体を捨てた。また、一九六八年九月下旬、上思県思陽公社主任陸巨吉が南寧展覧館から護送されてきた地元の「四・二二」派の捕虜の惨殺を手配し、若い女性陸玉江と四人の男性社員を打ち殺した。陸玉江が殺害された後、遺体は裸のまま道端に捨てられ、陰部に竹の棒が突き刺されて見せしめにされた。欽州県の武闘において、少数派のラジオ局アナウンサー陸潔珍が捕まえられて刺し殺された後、美人であるがために、殺人犯が彼女のズボンを下ろして、大きい爆竹を膣に押し込んで、火をつけて爆発させた。その惨状は言葉では言い表せない。被害者の死も悲惨であるが、死後はもっと悲惨である。

このような獣的な本性を露にした、恐ろしくて身の毛がよだつような事件を読んだ後、読者は恐らく以下のような疑問を抱くだろう。加害者は本当に人間だろうか。彼らはなぜこのようなことをしたのか。これら戦争や大虐殺と関わる性暴力の疑問に答えるため、西洋の学者が有益な分析を試みた。例えば、アメリカの有名な女性学者スーザン・ブラウンミラーによると、「戦争における強姦は女性の体に対する侵害と占有であると同時に、彼女の夫または父親に対する戦争でもある」。女性の子宮が戦場となり、女性自身も一種の戦利品となった。加害者は主に性暴力を通じて相手に対する脅迫と侮辱を表し、相手に打撃を加えて、彼らの抵抗意識を解消しようとする。この論理を使って、広西の「聯指」派と「四・二二」派との武闘を分析するなら、まだ一定の説得力があるかもしれない。しかし、大多数の女性被害者と彼女たちの夫や父親に対して、この論理は当てはまらない。何故なら、彼らは交戦の一方ではなく、「四類分子」、すなわち派閥闘争に参加していない、参加そのものが許されていない政治的な賤民集団に属しているからである。最低限の「抵抗意識」も有していない以上、彼らの妻女を強姦・占有するという方法を用いるのは完全に余計なことであろう。

ここでは、他の西洋学者による性暴力を分析する「系譜説」の方がより啓発的かもしれない。この学説によると、性暴力は実は平和期と戦争期における普遍的な暴力の系譜または特別な性暴力の系譜の一部、あるいはその拡大と延長である。さらに、この理論によると、もしこれら

図 24
革命模範劇『白虎団を奇襲する』

中国電影公司制作、
一九六七年十月発行
（八つの革命模範劇）

の性暴力が特定の国で繰り返し発生するならば、それが往々にしてますます深刻になる。

このように見てみると、中共が建国して以降（建国前のいわゆる「解放区」も含む）、中国の農村地域に起きた「四類分子」とその家族に対する大規模な暴力、特に彼らの妻女に対する大規模な性的占有と性的侵害という「普遍的な暴力の系譜」を連想するのは容易だ。広西文革の大虐殺における性暴力は初めてのことではない。最も早い「特別な性暴力の系譜」の原型は暴力的な土地改革に遡ることができる。ここ数年の中国社会科学院研究員智効民による中共初期の晋綏辺区における土地改革に関する研究は、中共初期の土地改革における「家屋を分け、土地を分け、妻を分ける」という固定的なパターンを示した。「地主・富農と闘争対象の女が分配されるだけではなく、裕福な中農も例外ではなかった。裕福な中農馮万里の娘は貧しい雇農〔小作農〕に分け与えられた。……土地改革のとき、任有蓮とその母親が閉じ込められて、無理やり雇農に分配されようとした。母娘二人が頑として従わなかったため、縄で打たれ、棒で叩かれ、焼きごてで焼かれるといった酷刑を受けた」。重慶の独立学者譚松が行った四川東部における暴力的な土地改革に対する調査は、我々に広西の文革と似たような性暴力の場面を見せてくれた。

土地改革の積極分子の民兵は往々にしてごろつきやならず者である。暴力が合法化されたため、彼らは公然と地主の女性に対して性的虐待を行うことができる。彼らは未婚の女性に下着を脱いで足を開いて下半身を触らせるよう脅迫し、木の塊、鉄条、及び脱穀されたトウモロコシを女性の下半身に入れて、繰り返しつついた。黎明書という名前の男性の回想によると、彼の姉黎瓊瑤は当時まだ二十歳になったばかりの未婚女性であって、銀貨を出せと脅迫されたが、出せなかったため、まず暴行を受けて唐辛子の水を無理やり飲まされ、そして服がすべて剝ぎ取られて豚の剛毛で乳首を刺された。彼女はそれを我慢できず、その日のうちに池に身投げして自殺した。土地改革の民兵中隊長であった李朝庚が譚松によるインタビューを受けたとき、以下のように述べた。土地改革のとき、忠県には梁文華という未婚女性がいて、彼女自身は地主ではないが、有名な美人であったため、十数名の民兵に拉致されて輪姦を受けて死亡した。

これを見れば分かるように、土地改革のときから、四類分子の妻女は彼らの土地と一緒に、合法的に剝奪された「財産」として、いわゆる農村における革命階級、すなわち「貧下中農」に分配されてきた。土地改革から文革に至るまでの十数年の間に、地主・富農及び「四類分子」はとっくに政治的な賤民に成り下がった。皮肉なことに、「貧下中農」は彼らと一緒にいわゆる「合作化運動」〔農村における社会主義改造運動〕の中で中共によって土地を奪われ、この部分の分配の欲望が遮断された。しかし、四類分子は勤勉に労働していたため、可哀想なほど少ない余剰な食糧と家畜を持っていた。特に彼らの息子がきれいな嫁をもらい、彼らの娘が可愛らしい少女に成長したことは、「土地改革の積極分子の民兵」の心の底に潜んでいる最もいやらしい性的欲望を刺激した。暴力的な土地改革のときに地主・富農の妻女を分配するのは合法であった以上、文革中にもう一度分配しても良いのではないだろうか。実際のところ、広西

図 25

**革命模範劇『紅灯記』**

中国電影公司制作、
一九六七年十月発行
（八つの革命模範劇）

**図 26**

**革命模範劇『竜江頌』**

中国電影公司制作、
一九六七年十月発行
（八つの革命模範劇）

文革における多くの性暴力の発生は、土地改革への模倣と緊密に関連している。例えば、前文で列挙した金秀県金秀区長二公社の党支部書記・「文革」主任莫志光が、若い女性莫秀雲を姦淫・占有するために、莫氏の父親を死に追いやり、母親の莫女婿を生き埋めにした悪質な事件は、土地改革のときに発見できなかった「銀貨」を捜査するという名目の下で発生した。この理論が予測した通り、悪質な暴力は土地改革から文革における大虐殺に至るまで、繰り返し発生し、性暴力と性的虐待は深刻になる一方である。土地改革のときに一命を取り留めた地主莫女婿夫婦が、こともあろうに、まあまあきれいな娘莫秀雲を育てたばかりに、色魔莫志光に狙われて、文革中に生き埋めにされた。

「彼らは本当に人間だろうか。彼らはなぜこのようなことをしたのか」という問いに答えるとき、「性暴力の系譜」理論は平和期と衝突期の関係性を重点的に考察した。それによると、加害者が大虐殺の中でこのような常人では理解できない蛮行を犯したのは、平和期に被害者が統治者のイデオロギーによって長期にわたって非人間化されてきたこととも関連している。敵が「罰を受けて当然だ」と描かれた場合、暴力の責任は「敵へと転嫁された」。彼らに対するいかなる暴力も道徳の側面で合法化された。この種の「責任転嫁」が生み出した強い「道徳上の疎外」は暴力の行使方法を増やし、暴力の目標を広げるため、性暴力が往々にしてそれに乗じて現れる。中国大陸における数千万人の四類分子にとって、文革前の十七年の間に非人間化されて、公然と「消滅すべき階級」と称されてきた宣伝と政策は、「彼らへの責任転嫁を生み出すのに」もう十分ではないだろうか。したがって、文革中にこれほど大規模な大虐殺と性暴力が現れても何ら不思議ではない。

## 四　いくつかの結論

最近出版された三十六巻、七百万字の『広西文革機密档案資料』から、読者は以下の事実を確認できる。いかなる戦乱も外患もない平和期に、中国の一つの自治区で八・九七―十五万人が一回の政治運動で不正常な死を遂げた。しかも政府の調査結果によると、これらの被害者の中には、僅か三千人余りが自ら志願して参加した「武闘」で命を落とした。残りの八・六七―十四・七万(5)の被害者は「指導者が計画的に行った」虐殺の中で、すなわち「多くは武闘ではない状況下で、個別的または集団的に殺害された」。それだけを見ても、我々は血生臭いあらしとなった広西の文革を見て取れるし、それが反人類・反人道の大災難であったことを見て取れる。

「武闘ではない状況下で」、「計画的に」、「個別的また集団的に殺害された」被害者の社会・階級構成をさらに詳しく分析すると、以下の事実を見出すことができる。この全国一位のいわゆる「不正常な死」の数字の背後にあるのは、広西の最高指導者がほのめかし、各クラスの政府が組織し、軍人・武装民兵及び数多の党・団の積極分子が実施した、いわゆる「階級敵」を対象とする血生臭い大虐殺である。中共の国家の暴力装置はその過程において、被害者が暗殺または反乱を企んでいるといった種々のデマを散布し、「貧下中農最高法廷」のような法外の暴力機構を組織し、意図的に「無政府」の状態を作り出して虐殺を行った。五―八万人にも及ぶ「四類分子」とその子女が被害者全体の半数以上を占めており、「不正常な死」の総数の五十六％に達している。彼らはあるいは数百種類の酷刑の中で、加害者の獣的な快感を満足させてから苦しめられて亡くなった。あるいは一族全員が直接殺害されて、命も財産も奪われた。これは計画的に行われた「階級絶滅」のための大虐殺であるという結論に達するのはそんなに難しいことではないだろう。

広西で起きた高度に組織化された大虐殺には、非組織的で極悪非道な副産物も伴っていた。一つはなんと人肉食の風潮が現れたことである。この機密档案の記載によると、少なくとも三百二人が国家の暴力装置の代表である軍人・武装民兵及び数多の党・団の積極分子によって、心臓・肝臓等が切り出された。凶手の真の動機は決して階級敵に対する憎しみではなく、体の滋養強壮と寿命の延長である。もう一つは大量の強姦、輪姦、性傷害と性虐殺の事件の発生である。この档案だけでも、二百二十五の悪質な事件、おそらく千人以上の女性被害者が記載されている。一九六七年末から一九六八年秋までの一年足らずの間に、夫を殺して妻を奪い、父を殺して娘を奪い、女性・財産・生命を奪うという連鎖が、なんと広西農村地域における社会の常態となった。人間社会では決して許されないこれらの蛮行は、階級敵に対する憎しみから

図 27

**革命模範劇『威虎山を知略で攻略する』**

中国電影公司制作、
一九六七年十月発行
（八つの革命模範劇）

説明できるものではない。加害者の動機は決して美しい「革命」の理想ではなく、赤裸々な姦淫略奪の強欲である。

人間性が極度に歪み、ひいては獣に変わったこれらの現象を研究する過程で、我々は驚きながらもこれらの悪行の手法はいずれも文革の時に初めて現れたものではないと気づくはずである。その原型は中共が建国初期に発動した最初の政治運動に遡ることができる。すなわち、暴力的な土地改革と反革命に対する血生臭い弾圧である。当時、地主・富農とその他の四類分子に対する一方的な略奪と惨殺、彼らの妻女に対する強姦、輪姦及び暴力による占有は、いずれも相当な程度において全国的に発生していた。しかも、これらの行為は完全に合法だと一般的に考えられていた。文革は単にこれらの軍人・武装民兵及び数多の党・団の積極分子にもう一度財産と女性を再分配する機会を提供しただけである。言い換えれば、これらの極悪非道な副産物は、文革前の十七年間の中共の政策と実践の結果または延長に過ぎず、「中国的特色」という悪の華の結晶である。それまでの政治運動の慣例に従うと、それが合法なだけではなく、合理的でさえある。ただ、その現れ方が少々集中的かつ誇張的であったに過ぎない。文革中に終始屹立して倒れなかった韋国清と彼を支持してきた広西の国家の暴力装置は、まさに文革前の十七年間と文革中の十年間における一般市民に対する迫害と殺戮の象徴である。

広西自治区における文革という個別的な事例から、「文革とは一体何だったのか」という普遍的な疑問に対する答えを見出せるとするならば、以上のような醜悪な「中国的特色」を見れば、自ずと答えは見えてくるだろうと思われる。

註

（1）広西で起きた一連の破壊、略奪、殺傷事件を制止するために、中共中央が一九六八年七月三日に発した布告である。

（2）軍隊が左派、農業、工業の三つを支援し、一部の地域と部門に対して軍事管制を行い、学生に対して軍事訓練を行うことを指す。

（3）「農村社会主義教育運動の中で当面提起されている一部の問題」を指す。毛沢東の意向で制定され「四清運動」の性質を規定した。

（4）文革史上の重要事件、一九六七年一月、毛沢東の意向で上海をはじめとする各地で行われた既存の権力者から権力を奪う運動である。

（5）原文は八・九四―十五万となっている。八・九四は八・九七万マイナス三百（正しくは三千）の計算違いによる結果で、十五万は三千人を引かなかった結果だと思われる

# 中国現代史再考——ロシア革命百年と文革五十年(1)

矢吹晋

小稿は二つの部分からなる。前半は、徐友漁教授の報告「文革とは何か」についての応答である。後半は文革という隣国の政治運動が日本でどのように受け止められ、どのような影響を与えたかについての、同時代の観察者の記録である。

## 一　徐友漁「文革とは何か」に対する応答

徐友漁「文革とは何か」は、たいへん優れた中国政治の分析であり、教えられることが多い。感受性の強い青年時代に文革を体験し、そこで提起された諸問題に誠実に向き合いながら現代を生きている中国知識人の知的営為が率直に語られていることを知って感動した。

「五・七指示」と「五・一六通知」の間――〈文革の起源〉再考

徐友漁は文革期に行われた事象を十カ条挙げている。(2) これらは一九六六年の「五・一六通知」から一九七一年九月の林彪墜死までの五年間に見られた現象である。中共中央のいわゆる歴史決議にいう文革期は一九六六―七六年の十年を指すが、徐友漁がここで一九六六―七一年を文革期としているのは、彼がこの時期こそが文革期であると認識し、一九七一年九月の林彪事件以後は「脱文革期」と認識しているからであろう。

これは妥当な時期区分である。中共中央が一九六六―七六年を文革期としているのは、この時期についての内容評価を避けて、単にこの時期に「文革と称する動乱」が存在したと記述したのみで、内容に立ち入らない姿勢であることを示唆している。徐友漁が一九六六―七一年を文革期としているのは、文革の理念あるいは綱領が追求され、徐友漁自身を含めて中国の若者が運動に立ち上がったのは、この時期であったからにほかならない。

さて徐友漁の文革認識の出発点は「五・一六通知」である。これは内容を一瞥すれば明らかだが、いわば「破壊の綱領」であり、「中国の内なるフルシチョフ」打倒を呼びかけたものであった。これとは正反対に、いわゆる「五・七指示」は「建設の綱領」であった。(3)

私見によれば、文革は破壊と建設の二つの顔をもつが、前者を象徴するのが「五・一六通知」であり、後者を象徴するのが「五・七指示」であった。実際に展開された文革は、ほとんど破壊（フルシチョフ修正主義の打倒）であり、建設の側面（中国のあらゆる組織を共産主義への学校とすることは、破壊に覆い尽くされた感がある。「不破不立」というスローガンに即していえば、「(ブルジョア的な四旧を)破る」段階で力が尽きてしまい、「(共産主義の理想を)立てる」段階に到達する前に自壊・自滅した。

しかしながら矢吹は、隣国にあって、第三者として観察するChina Watcherの立場であったことによって、徐友漁のように、運動に直接参加した者とは異なる視点で文革を見てきた。そのような矢吹から見ると、「五・七指示」を文革の原点と見るのがより妥当ではないかという見解になる。「五・七指示」と「五・一六通知」との時間差は、わずか十日間にすぎない。しかしながら、破壊の側から見るか、建設の側から見るか、これは大きな違いとなる。「五・七指示」を文革の原点と見るならば、毛沢東の掲げた、追求した理想をはっきりと把握できる。しかしながら、「五・一六通知」は「われわれの身辺に眠るフルシチョフ」打倒の呼びかけであり、そこには理想(主義)はない。いま中国内外の大多数の論者は徐友漁報告のように、「五・一六通知」を文革の起点と見る。

矢吹はあえてその十日前、「五・七指示」を文革の原点と見たい。政治的目的とそれを達成する手段、政治的意図とその結果(帰結)については、特に失敗した場合に、手段の正当性が問われ、結果からその意図が論じられることが多い。これは当然だが、現代における社会主義運動(の失敗)を論ずる場合に、帝国主義の第三次世界戦争の可能性と、それに対する備えという危機意識を除外することは、対象を客観的に認識する妨げになる恐れがある。

実は「資本主義への移行」と「社会主義への移行」とは、人類史の発展段階という意味では共通する側面を持つが、決定的な相違点のあることを明確に再確認する必要がある。前資本主義から資本主義社会への移行は、共同体に浸透した商品・市場経済がしだいに共同体を解体して市場経済が代替する過程であった。

しかしながら、資本主義社会から社会主義社会への移行は、資本主義経済の胎内に社会主義的要素が生まれて、やがて代替するものではない。社会主義的要素が部分的に生まれたとしても、それは市場経済の力によって絶えず解体される。それゆえ社会主義への移行は「自然に、部分的に」行われるものではなく、[4] 社会主義革命を経て、目的意識的に社会主義的生産関係を構築していかなければならない。目的意識的理念に基づく現実社会に対する実践活動（働きかけ）という基本構造において、「理念と実践」との対立矛盾関係は、いかなる社会運動についても一般に見られることではあるが、社会主義運動や共産主義運動においては、とりわけ理念に導かれた実践活動が重視される本質があり、それは革命対象自体によって決定されるものと認識するのが古典的な社会主義・共産主義像であった。

毛沢東流にいえば、「認識（理論）⇩実践、再認識（理論）⇩再実践」の永続過程になる。毛沢東はこの文脈で共産主義への理念を「五・七指示」という分かりやすい言葉で提起したのであるから、文革はこの理念レベルから議論を始めるのが妥当なやり方である。

**図 28**

**革命模範劇『海港』**

中国電影公司制作、
一九六七年十月発行
（八つの革命模範劇）

「羊頭狗肉」ではなく「竜頭蛇尾」――スターリン没後の社会主義

とはいえ、「羊頭狗肉」は世の習いであり、毛沢東は結局、「五・七指示」という羊頭を掲げて、「奪権闘争」という狗肉を売ったに等しい。「五・七指示」の美辞麗句は、奪権の道具にすぎず、もともとこれを追求したものではないと断定する評価がいま広く行われている。この風潮に対して私は異議を申し立てる。それはあまりにも、梟雄論的毛沢東解釈にすぎる。あまりにも一面的な解釈ではないか、と。文革がその理念にもかかわらず、竜頭蛇尾に終わったのは、さまざまの条件や制約のためであり、竜頭蛇尾という結果だけから即断して「五・七指示」という理念まで否定するのは、その理念に導かれて行動しようとした人々の意志を踏みにじるものではないか。理念においても実践においても、現実の運動過程においては過ちは避けられない。それらはやはり一つひとつ検証する必要があり、「盥の水とともに赤子を流す」類の愚行は避けねばなるまい。

徐友漁の十カ条のうち、「語録を振る個人崇拝」劇や「闘争会」等々、大部分は、毛沢東派紅衛兵あるいは造反派のやったことである。これに対して「血統論」は、文革初期に高級幹部の子弟、実権派子弟が造反派に対抗して、革命に貢献した老幹部の子弟は、紅衛兵として造反活動に参加する資格あり、と主張したものだ。

これらの文革事象のうち徐友漁は「人権侵犯と傷害事件」を特筆して、①軟禁・査問された者四百二十万人、②殺された者百七十二万人（不正常な死、死刑に処せられたものではないが、軟禁査問中に死んだ者は、死刑十三万人の十三倍)、③死刑に処せられた政治犯十三万人——という数字を挙げている。要するに、四百二十万人が査問され、うち半分弱の百七十二万人が死亡させられたが、これは死刑者十三万人の十三倍である。これらはむろん被害者側からの文革告発である。このような「負の現実」がなぜ生まれたのか、それを軽視することは許されないが、これらの「負の現実」を絶対視して、ただちに文革全体の評価に及ぶならば、それは短絡のそしりをまぬかれない。負の側面に覆い尽くされたなかにも、同時に正の側面がないわけではない。

徐友漁は文革が起きた原因について、①政策対立説(新民主主義論を堅持した劉少奇 vs. 社会主義革命を急ぐ毛沢東)、②権力闘争説——という二つの見方を指摘しつつ、現実の文革は「政策対立と権力闘争」の両面からなると分析しているが、これは妥当な見方だ。

政策対立に決着をつけるのは「路線」闘争であり、これが「権力」闘争の勝敗に帰着するのは古今の革命史に見られる。スターリン没後、毛沢東は国際共産主義運動のナンバーワンを自任し、大躍進運動を発動したが、これは失敗し、飢餓を招き、声望を失った。

経済回復の過程で劉少奇の声望が高まったのは自然な成り行きだ。では、「声望の高い劉少奇」はなぜ敗れたか。その理由として徐友漁は、①大衆が事情を知らなかったこと、②毛沢東は陰謀で劉少奇をペテンにかけた——と分析する。すなわち一九六六年五—六月、毛沢東は北京を離れ(武漢東湖賓館に身を潜め)、劉少奇に日常工作を委ねた。劉少奇は北京大学の騒動について「工作組を派遣するという共産党にとって伝統的なやり方」で処理して、学生の反発を受けた。ここに見られる「学生の反発や抵抗」が自然発生的なものというよりは「中央文革小組により、仕組まれたもの」である事実もいまでは明らかになっている。

シモン・レイの著書は、「西太后が義和団を操縦したやり方」と「毛沢東が紅衛兵を使ったやり方」は似ているとする。(5) 毛沢東が「みずからの統治下で生じた民衆の不満」を「政敵の責任」として相手側になすりつけたと指摘した箇所を徐友漁は引用した。これは西側の人々にとっては分かりやすい説明ではあるが、当時大陸を追われて香港に逃れたカトリック神父のシニカルな観察であり、その例示により説明することに矢吹は違和感を感ずる。(6)

日本では故大宅壮一の「ジャリ革命」の表現が一世を風靡した。(7) これらは外部世界で広く受け入れられた見方ではあるが、数少ない情報から文革を受け止め、揶揄したものにすぎない。西側でそのような評価が行われたことは事実だが、これは文革の一断面にすぎない。

徐友漁は、文革について理想社会を実現するというスローガンを掲げつつ、結果的には「専制政治を強化した政治運動」ととらえる。理想社会づくりという「羊頭」を看板に掲げて、実際には「狗肉」を売る商法、悪徳商法はしばしば見られる。では、毛沢東が「理想社会の実現」を掲げたのは、「専制政治の強化」という目的を隠すためであったのか。私見によれば、ここに文革評価の大きな分岐点がある。「秦の始皇帝の百倍も焚書坑儒した」(8) とは、毛沢東自身の開き直りだが、専制政治の強化という一つの帰結から文革を総括するのは、一面的な評価では

**図 29**

**革命模範劇『沙家浜』**

中国電影公司制作、
一九六七年十月発行
（八つの革命模範劇）

ないか。
毛沢東の発想を内在的に読むならば、これは文革の理想が実現できず、失敗した結果として、「専制政治の強化に帰結した」と受け取るのがよい。「羊頭狗肉」ではなく、まさに「竜頭蛇尾」と私は解する。竜頭を描こうとして、結果的に蛇尾に終わった。革命や社会主義建設とは、元来目的意識的行為であり、理念に導かれて運動を起こす。しかしながら、その運動がただちに成功するとは限らず、往々失敗に終わる。

文革の失敗という現実を腑分けして、原因を探ることは必要だが、ここから「文革理念自体を疑う」見方には賛成できない。毛沢東が「理想社会の実現」を提起した時、中国内外の人々がこの理念に共鳴し、行動を起こしたのは、当時の国際情勢のもとで、確かにそのスローガンが反帝国主義戦争という時代の要求に適合したからと矢吹は見る。当初の共鳴者は次第に、運動過程の推移につれて離れ、やがて失敗につながる。こうして文革が結果的に「専制政治の強化に終わった」と見る事実認識を否定するものではないが、この帰結は当初から意図したものではなく、あくまでも結果論であろう。毛沢東の「五・七指示」に見られる意図（初心）と政治的失敗という帰結を腑分けして検討すべきと考える。

## 「造反」の様々なる意匠——独立意識から超修正主義まで

文革後の情況を人民・公民・市民の側から見ると、その「独立意識」が強まり、他人の「思考を借りる」のではなく、自ら思考する人々が成長した。これは人々が文革から学んだ最も貴重な政治的体験であるが、これは造反の経験から生まれた。造反を通じて、共産党＝神聖・無謬論が否定され、中央指導部の権威が喪失した。毛沢東はスターリンの権威・亡霊に悩まされつつ、中国革命を進めた。大躍進運動や文革は、毛沢東から見ると、中国独自の道の模索を意味した。そして文革は、中国の若者からみて、毛沢東の権威を含めて「すべては疑い得る」というマルクスの座右の銘を再確認する機会となった。

「中国の若者たちが社会主義を疑うことを学んだことが文革の最大の教訓であった」と矢吹は、小著『文化大革命』の結びで書いた。すなわち、「文革は現実の社会主義に対して、まず修正主義論の角度から疑問を提起し、ついで社会主義の内実を根底から懐疑する精神を植えつけ、中国の近代化を根本的に再考する契機を与えた」、「中国の若者たちは、いま毛沢東型社会主義を反面教師として二一世紀の中国社会のあり方を模索している」と（矢吹、二〇〇八頁）。

エンゲルスは『空想から科学へ』においていわゆる空想的社会主義とマルクス主義との一線を画すものとして、科学的社会主義論を唱え、そこから前衛党の「科学性」を強調した。その結果「前衛党神話」が人々の思考を束縛するようになった。挫折したとはいえ毛沢東が「五・七指示」に象徴されるような社会主義の理想を再提起することによって、「スターリニズムの神話」を破壊した功績は大きい。

神話批判が毛沢東に始まるのではないが、毛沢東以前のスターリニズム批判は、これに対置する実践運動を欠いていた。毛沢東の場合は、中国的社会主義、あるいは社会主義への中国の道というオルターナティブを具体的に提起したことによって世界の社会主義運動に衝撃を与えた。一九六六年に毛沢東の挑戦を受けて、修正主義あるいは社会帝国主義と断罪されたソ連社会主義体制は、その後二十五年しか維持できず、一九九一年に解体した。

紅衛兵たちの挑戦を受けながら、生き延びた中国社会主義（修正主義）は、ソ連とは違って解体の道を歩むことはなかった。なぜか。計画経済体制の枠組みの中に「市場経済を密輸入した」ことによる。リーベルマン流の利潤導入を修正主義と呼ぶならば、市場経済を全面的に導入した中国経済は、超修正主義であり、資本主義経済と変わらない。それによって生産力の発展＝経済発展に成功し、米国経済の規模に迫る経済大国に成長した。

中国の歩みは、生産力・生産関係の構図から見ると、次のように説明できよう。

かつて文革期には社会主義的生産関係を一面的に強調する結果、「生産力の発展」を妨げる帰結をもたらした。そこで「貧困の平等」「平均主義」に陥ったと批判され、中国の経済政策は、鄧小平の白猫黒猫論に代替され、生産力重視に軌道を修正した。文革期に「修正主義経済学の元祖」として投獄された経済学者孫冶方[9]や顧準[10]の主張した価値法則を名誉回復させ、その調節メカニズムを容認した結果、生産力が勢いよく発展した。この過程で生産関係は、名実共に「資本・賃労働」関係に再編された。[11]諸階級間の所得格差は空前に拡大し、その格差は新たな要因として労働者や資本家に対してより高い賃金や利潤を求めて移動するように迫る。一連

**図 30**

**革命模範劇『紅色娘子軍』**

中国電影公司制作、
一九六七年十月発行
（八つの革命模範劇）

の自動メカニズムによって資本・賃労働からなる生産関係はますます強化された。こうして、毛沢東時代の「生産関係の一面的強調」から一転して、鄧小平時代には「生産力の一面的強調」へと振り子は大きく揺れた。

徐友漁は「文革への誤解」に基づく郷愁ムードの危険性を警告する。文革が「腐敗をなくし、社会を清掃した」と見るのは誤解だ。中国には「第二の毛沢東を夢見る者」（習近平を指すか）があり、多くの者が「内心の深いところで、プチ毛沢東である」という。この一句は卓抜な警句だ。この種の「中国的心情」を捉えることによって毛沢東は人々を動員できた。民主化運動を構想する側もまた、この心情を巧みにとらえることなくして政治的多数派を形成することはできまい。徐友漁の結論は、総じて文革は「中国の悪夢」であり、習近平のいう「中国の夢」がこの悪夢につながってはならないと結ぶ。

## 二　隣国日本から見た文化大革命

### 毛沢東の文革理念――「五・七指示」への共鳴

「五・七指示」は解放軍総後勤部の農業副業生産についての報告に対するコメント（原文＝批示）として、毛沢東が林彪宛て書簡の形で書いたものである。一九六六年五月十五日に全党に「通知」されたが、その際に歴史的意義をもつ文献であり、マルクス・レーニン主義を画期的に発展させたものと説明された。六六年八月一日付『人民日報』社説（「全国は毛沢東思想の大きな学校になるべきである」）のなかで、その基本的精神が説明された。この社説から当時の「五・七指示」の意義づけが知られる。「五・七指示」の描いた共産主義モデルはつぎのようなものだ。仮タイトルをつけて全文を引用する。

①世界大戦の有無にかかわりなく「大きな学校」を作ろう――世界大戦が発生しないという条件のもとで、軍隊は大きな学校たるべきである。第三次世界大戦という条件のもとにあっても、大きな学校になることができ、戦争をやるほかに各種の工作ができる。第二次世界大戦の八年間、各抗日根拠地でわれわれはそのようにやってきたではないか。

②軍隊は「大きな学校」たれ（共産主義への移行形態としての「大きな学校」）――この大きな学校は、政治を学び、軍事を学び、文化を学ぶ。さらに農業副業生産に従事することができる。若干の中小工場を設立して、自己の必要とする若干の製品、および国家と等価交換する製品を生産することができる。この大きな学校は大衆工作に従事し、工場農村の社会主義教育運動に参加し、社会主義教育運動が終わったら、随時大衆工作をやって、軍と民が永遠に一つになることができる。また随時ブルジョア階級を批判する文化革命の闘争に参加する。こうして軍と学、軍と農、軍と工、軍と民などいくつかを兼ねることができる。

むろん配合は適当でなければならず、主従が必要である。農、工、民の三者のうち、ある部隊は一つあるいは二つを兼ねうるが、同時にすべてを兼ねることはできない。こうすれば、数百万の軍隊の役割はたいへん大きくなる。

③労働者のやるべきこと――同様に労働者もこのようにして、工業を主とし、兼ねて軍事、政治、文化を学ぶ。社会主義教育運動をやり、ブルジョア階級を批判しなければならない。条件のあるところではたとえば大慶油田のように、農業副業生産に従事する必要がある。

④農民のやるべきこと――人民公社の農民は農業を主とし（林業、牧畜、漁業を含む）、兼ねて軍事、政治、文化を学ぶ。条件のあるときには集団で小工場を経営し、ブルジョア階級も批判する。

⑤学生のやるべきこと――学生も同じである。学を主とし、兼ねて別のものを学ぶ。文を学ぶばかりでなく、工を学び、農を学び、軍を学び、ブルジョア階級を批判する。学制は短縮し、教育は革命する必要がある。ブルジョア知識人がわれわれの学校を統治する現象をこれ以上続けさせてはならない。

**図 31**

**革命模範劇『白毛女』**

中国電影公司制作、
一九六七年十月発行
（八つの革命模範劇）

⑥第三次産業のやるべきこと——商業、サービス業、党政機関工作人員は条件のある場合にはやはりこのようにしなければならない。

⑦この構想の性格について——以上に述べたことは、なんらかの新しい意見だとか、創造発明だとかではなく、多くの人間がすでにやってきたことである。ただ、まだ普及していないだけなのだ。軍隊に至ってはすでに数十年やってきたが、いまもっと発展しただけのことである。

「五・七指示」の内容を分析すると、その核心は「分業の廃棄」である。マルクスは『ゴータ綱領批判』のなかで、分業から解放され、個人が全面的に発展する社会を構想している。毛沢東はここでマルクスにならって、「分業の廃棄」を強く打ち出している。ただし、マルクスは資本主義社会の到達した高度の生産力を前提として分業の廃棄を考えたが、毛沢東の場合は中国の遅れた経済、自然経済を多分に残した段階でそれを提起した点で、とりわけ日本の左翼知識界に衝撃を与えた。生産力の「発展段階を軽視した」点でいえば、毛沢東を空想的社会主義者と見る向きは当時から少なくなかったが、ソ連型社会主義＝スターリニズムが社会主義の理想とはるかに隔たっている現実に失望し、社会主義への展望を見失っていた当時の日本の左翼世界において、毛沢東の文革理念は衝撃をもって受け取られた。

## 当時の国際情勢——ベトナム戦争から第三世界のゲリラ闘争へ

これにはもう一つ、当時の国際情勢が関わっていた。沈志華教授の新著『最後の天朝』（第七章）は、次のように描く。

▽林彪「人民戦争の勝利万歳」

一九六五年九月三日付『人民日報』は林彪署名の「人民戦争の勝利万歳」を掲げ、毛沢東の農村から都市を包囲し、武力で政権を奪取した中国の経験がアジア、アフリカ、ラテンアメリカの革命闘争に「普遍的かつ現実的な意義をもつ」と主張した。中国のゲリラモデルの世界的展開による世界革命の提唱であった。この「革命外交」により、インドネシアで九・三〇事件（軍事クーデタ未遂事件）が起こる。毛沢東は一九六七年一月十七日、マラヤ共産党チェン・ピンに対して「五四年のジュネーヴ協定は間違いだ、この会議後に中ソ両党がマラヤ共産党に武装闘争の放棄を求めたのはデタラメ指示であり、武装闘争こそが正しい」と力説した。(12) 六七年七月二日付『人民日報』はビルマ共産党の六月二十八日声明を全文掲載した。六八年三月二十九日付『人民日報』一面は「毛主席の鉄砲から政権が生まれるという学説の威力は無比である」との見出しでネ・ウィン政権の打倒を呼びかけた。六一—六五年に第三世界の七十四政党から三百七十四回にわたり千八百九十二人を受

図 32

**最も敬愛する偉大な領袖毛沢東**

制作不詳、
一九六八年発行

**図 33**

**毛主席、北戴河にて**

戦闘不敗の毛沢東思想万歳
偉大な領袖毛主席万歳
人民美術出版社制作、
一九六八年発行

け入れ、ゲリラ戦の戦略戦術を指導した。[13]

▽ゲリラ戦支援

一九七一年タイ共産党のゲリラ戦に協力するため顧問と軍事専門家を派遣し、七二年と七四年にフィリピン共産党に武器を輸送した。[14] 六七年三月二十日、林彪は軍団長級以上の幹部会議で「中国が倒れなければ、世界は希望がもてる」「中国が赤の海になれば、欧州全体が赤色に染まるに等しい」と演説し、毛沢東はその録音を紅衛兵に聞かせるよう指示した。[15]

▽世界革命の兵器工場たれ

一九六七年七月七日、毛沢東は「世界革命の兵器工場になるべきだ」と語った。[16] 六八年五月十六日、毛沢東は「世界革命の中心は北京にある」との表現を批判し、「中国人民が自ら言うべきではない」〔モスクワ批判〕「世界人民に言わせるのがよい」と指摘した。六六年九月九日、ウィーン駐在中国大使館を批判した紅衛兵の文を評価して「すべての海外駐在機関は革命化を進めよ」と指示した。[17]

▽中国大使全員召還

一九六七年初めには中国の外国駐在大使は黄華仏大使を除いて全員召還され、大使館員の三分の一も学習のため帰国させられた。[18] 紅衛兵と造反派により六七年六月十八日インド大使館が破壊され、七月三日ビルマ大使館が破壊され、八月五日インドネシア大使館が破壊され、八月二十二日英臨時大使館焼き討ち事件が発生した。[19] 毛沢東はのちにスノーとのインタビューで「中国は全面的内戦に突入し、外交部はめちゃくちゃにされ、一カ月半くらいコントロールを完全に失い、その権力は反革命分子の手に握られた」と述べた。[20] 中ソ両党が分裂してから世界の大半の共産党はソ連側につき、中国共産党との交流を中止した（日共しかり）。

▽中米関係打開

百以上のＭＬ主義党が生まれたが、数年後に大半は雲散霧消した。[21] 一九六九年二月十九日、毛沢東は陳毅、徐向前、聶栄臻、葉剣英の四名の元帥に国際問題を、李富春副首相に国内問題の対策を求めた。七月十一日、陳毅ら四名が署名した「戦争情勢に関する初歩的認識」が周恩来に届けられた。報告書は中国を標的とする戦争が起こる確率は低い、中ソ対立は米中対立よりも深刻と見るものであった。九月十七日、陳毅は「米ソ間の矛盾を利用し中米関係を打開する必要あり」と提言し、[22] そこからピンポン外交が始まった。

## 日本に伝わる文革の衝撃波――「造反有理、帝大解体」

ベトナム反戦への市民意識は世界各地に広まった。特に沖縄基地から海兵隊が派遣される現実を身近に体験した日本においては、ベトナム反戦、ゲリラ戦線のアジア規模での拡大に対する関心は強かった。この結果、毛沢東の文革理念は世界ゲリラ革命という、本来は距離の大きな二つのコンセプトが一九六六―六八年の日本に届き、その受容は、たとえば一九六九年一月十八―十九日の東大安田講堂籠城攻防戦でピークに達した。安田講堂屋上の一角にＭＬ（マルクス・レーニン主義を指す）旗が掲げられたことは、毛沢東の文革理念が日本の過激学生を鼓舞した事実を象徴していた。

しかしながら、日本のいわゆる「七〇年闘争」がピークを越えて低潮、自滅に向かう時点で、中国から伝えられるニュースは、かつては文革の核心と受け取られた「分業・階級廃絶」の理念とは裏腹に、造反派同士、造反派と実権派の武闘による混乱情報であった。やがて毛沢東の後継者に選ばれた林彪将軍の墜死事件が報道され、日本の左翼運動界では誰もが文革の破産、あるいは文革の終焉を認識して、文革について口を閉ざすようになった。

林彪事件と相前後して日本全体をよりいっそう衝撃の渦に巻き込んだのは、ピンポン外交とニクソン訪中であった。ベトナム戦は和睦に近づき、代わって中ソ国境紛争の深刻化という「国際環境の変化」は理解するにしても、仇敵米帝国主義を歓迎する毛沢東の超現実外交に接して、日本の新旧左翼は中国社会主義への幻滅を隠さなかった。旧左翼・日本共産党は

**図 34**

**一九三六年、陝北（延安）の毛主席**

天津人民美術出版社制作、
一九七二年発行

一九六六年三月二十八日の毛沢東・宮本顕治首脳会談以後、すでに数年にわたって関係を断絶していたが、その断絶構造はいよいよ定着した。その結果、日中友好協会は二つの組織に分裂し、交流のないまま友好を称する組織がその後も存在し続け、左翼界分裂を象徴した。

一九七一年のニクソンショックを契機とした田中角栄訪中前後から、日中交流は左翼民間交流から、政府間交流ルートに転換した。ここで日中交流の象徴として「パンダ・ブーム」が起こり、国民的話題として語られたが、パンダ人気は、社会主義を志向する人々の中国への関心を逆に薄れさせ、単なる隣国間交流へと変容した。その過程で、中国通で有名な二人の作家、武田泰淳と堀田善衛が「私はもう中国を語らない」と信条告白を行ったことは、新旧左翼に広く受け入れられたように見える。[23] この潮流に抗して、仮に「中国を語る」者があったとしても、「中国社会主義を語る」ことはほとんどなくなり、とりわけ文革論は封印された。まもなく一九七六年春、周恩来が死去し、秋には毛沢東が死去し、晩年の毛沢東体制（脱文革期の体制）は、四人組逮捕をもって瓦解した。日本人は誰もが文革の終焉と毛沢東時代の終焉を知り、ポスト毛沢東時代における中国の行方に不安を抱いた。

## 観察者・矢吹から見た文革

▽『文化大革命』と『チャイナ・クライシス』の頃

一九七六年の毛沢東死去から十年を経た一九八六年、華国鋒という「繋ぎのリーダー」は早くも忘れ去られ、復活した鄧小平による脱文革は「改革開放」という新しい旗幟のもとで、本格的に始動していた。文革遺制から脱却する政治的目的を秘めて、文革理念とは裏腹の否定的事実、負の現実がこれでもかといわんばかりに大量に暴露された。とりわけ各地の武闘という惨劇は、紅衛兵や造反労働者がほとんどならず者であり、彼らによる乱暴狼藉が文革の実質だと誇張して伝えられた。ここで、多少なりとも残っていた文革幻想は、完膚なく破壊された。その極致に人食い騒ぎが含まれる。(24)

「建国以来の党の若干の歴史問題についての決議」が採択されたのは、一九八一年六月二十七―二十九日の十一期六中全会だが、そこで「文革十年」(一九六六―七六)が「挫折と損失」のみと評価され、以後陸続と文革の「負の現実」が日本に伝えられるに及び、文革への幻想や思い入れは、ことごとく打ち砕かれ、一九八六年=文革二十年を迎えた。

私はこのころ、「文革とは何であったか」について私自身の認識を整理するために、講談社現代新書『文化大革命』を書いた。そこではまず文革の理念を文革派の問題意識に即して説明し、次いで文革の帰結を文革批判派=実権派の立場に即して記述した。結びは、反右派闘争以来投獄され、一九六八年四月二十九日に上海で銃殺された林昭の最期であった。(25)

改革開放の進展とともに、単に経済改革だけではなく政治改革を求める声が次第に大きくなり、一九八九年六月、天安門事件が起こった。(26) これは文革の造反有理を直接継承するものではなかったが、鄧小平はこのとき、文革の悪夢を想起して、学生の動きを「動乱」と認識して、解放軍に鎮圧を命じた。

この天安門事件に際して、矢吹は、仲間と共に[27]『チャイナ・クライシス』シリーズ全五巻を編集した。[28]矢吹はスターリンの『経済学教科書』から社会主義経済研究をスタートし、さらにこれを批判した毛沢東『ソ連経済学教科書読書ノート』『社会主義建設を語る』を翻訳して、[29]中国の社会主義経済を研究する立場から、毛沢東と劉少奇の経済政策における対立とその政策の帰結へと研究を進めた。劉少奇らの経済政策を支える理論が孫冶方や顧準にあることを知った。孫冶方はスターリニズムの経済政策の過ちの根本は「価値法則」を無視した点にあると分析したが、「利潤の名誉回復」を主張し、[30]これは康生によって「修正主義経済学者リーベルマンよりも、よりいっそうリーベルマン的」と攻撃され、長く投獄された。

### ▽毛沢東の「主観能動性」哲学と経済原則

毛沢東は「主観能動性」哲学を鼓吹した結果、経済活動を混乱させ、餓死を招いたが、これを経済的土台の上に再建する提案が挫折することによって、経済活動はますます混乱した。いわゆるスターリン論文『ソ連における経済的諸問題』が提起した「諸法則」の核心は、資本主義経済の根底にある価値法則だが、これを尊重しつつ計画経済を行わなければ、主観主義、観念論に陥ることは明らかだ。

毛沢東の人民公社や大躍進政策が失敗したのは、客観的経済原則を無視して、主観能動性の

**図 35**

**井岡山の毛主席**

一九二七年、最初の農村革命根拠地建設
江西省新華書店制作、
一九六九年発行

名において、現実から乖離した理念が暴走したことによる。価値法則とは「あらゆる経済社会の経済原則」であるとともに、「資本主義社会における特有の経済法則」として機能するものだ。これを社会主義経済に適用するのは、「価値法則の側面」ではなく「経済原則の側面」である。しかしながら、両者の腑分けは理論的にも実践的にも容易ではない。

▽「経済原則を踏まえた計画経済」と「価値法則に基づいた計画経済」との間

「経済原則を踏まえた計画経済」を樹立せよという主張が、「価値法則に基づいた計画経済」と表現され、それはただちに「資本主義の復活」をはかるものと逆襲された。要するに資本主義経済の価値法則を止揚し、経済原則を重んじた計画経済という政策が現実には、経済原則を無視した主観的観念的計画に堕落して、飢餓を蔓延させた。

中国の場合、上海の名門簿記学校出身の顧準は、簿記会計学と経済活動の関係を学ぶことから出発したので、経済原則を踏まえた計画経済の意味を最も深く理解していた。そのような優れた経済学者、経済政策論者がその学説のゆえに二度にわたって右派分子とされた。文革期の経済政策は生産力を軽視して、生産関係のみを突出させた。鄧小平の生産力論（白猫黒猫）は、生産関係一辺倒の間違いを是正する試みであり、これは商品経済・市場経済への転換の転轍機となった。

## ▽文革から得られた「自主管理社会主義」論

生産手段の私有制改革以後に行われる社会主義的生産過程（労働過程）がなぜ「支配・従属」関係に変化するのかという問題は、さまざまの角度から日本でも議論が行われていた。ソ連型社会主義の批判として、一方ではユーロ・コミュニズムの潮流があり、他方に文革の提起した生産関係についての新しい解釈が人々の関心を集めた。

このような試みは国の内外にいくつも存在したが、私自身がコミットしたのは「労働者自主管理研究会」であった。この研究会の活動として大内力訪中団が訪中したのは一九七九年四月十六―三十日であった。大内以外のメンバーは、佐藤経明[32]（横浜市立大学）、新田俊三（東洋大学）、海原峻（パリ第七大学）、斎藤稔（法政大学）、馬場宏二（東京大学）、中山弘正（明治学院大学）、そして矢吹が秘書長を務めた[33]。

このメンバーはユーロ・コミュニズムの研究者からソ連東欧研究者まで、各分野の専門家を網羅していて、脱文革から改革開放期に至る中国経済の諸側面をヒアリングし、意見を交換した。論点は多岐にわたり、十分な総括には至らなかったが、文革で提起された生産管理の問題を「労働者自主管理（autogestion）」というコンセプトで把握することの意味を探求するという問題意識をメンバーは共有していた。

**図 36**

**偉大な領袖毛主席と親密な戦友の林彪同志**

河南人民出版社制作、
一九六七年発行

**図 37**

**華国鋒主席、中共第十一期中央委第一回全体会議で**

江蘇革命委員会知識青年上郷下郷辦公室制作・贈呈、
一九七九年発行

## 中国現代史における文革

▽反米毛沢東モデル（一九六六年）から米中対話への大転換

毛沢東の文革モデル（一九六六―七一年）は、一九七二年のニクソン歓迎を機として中米平和共存路線に転換し、ポスト毛沢東期には既存の計画経済体制に市場経済を密輸入する「社会主義市場経済」なる体制にさらなる大転換を見せた。

中国における市場経済の導入は、ソ連解体以後の世界市場経済の変化(34)を背景として、中国経済を量的に飛躍的に発展させ、米国に次ぐ経済大国に押し上げた。ただしこれは資本主義的経済発展であり、社会主義という生産関係とは無縁なもの、この「社会主義」という形容句は単なる飾りと見るべきである。

▽計画経済から市場社会主義（Market Socialism）への模索

ロシア革命史研究の専門家渓内謙が『現代社会主義を考える』(35)を書いた前後から、「現実に存在する社会主義」の実態分析が試みられるようになり、社会主義像の理念から大きくかけ離れた現存社会主義のあり方が具体的に分析されるようになり、ユーロ・コミュニズムや「自主管理社会主義（ユーゴ型等）」などをスターリン型「国家社会主義」に対置する社会主義論が活発化した。

中国の「社会主義市場経済」に対して、矢吹は「限りなく資本主義に近い社会主義(36)」と名付け、その後「限りなく資本主義に近い中国経済（一九八九年）」「国家資本主義体制」と認識をより深化させた。より一般的には「ポスト社会主義[37]」、「移行期経済」等の呼称が広く行われた。

▽Market Socialism から Global Capitalism への道

Market Socialism への道をリードした東欧三カ国（ハンガリー、チェコ、ポーランド）は、ソ連の解体後に、ＥＵに加盟して、Market Socialism が Global Capitalism 体制に参加する上での「過渡的、移行期のシステム」にほかならないことを「事後的」に明らかにした。すなわち Market Socialism の到達目標は、（Market）Capitalism にほかならず、ここで Socialism を付したのは、政治的マヌーバーにほかならないことが事後に明らかになった。

▽共産党指導下の Market Socialism は中華民族の復興を目指す

中国の「社会主義市場経済」は、本質的に東欧の Market Socialism と同じだと矢吹は見てきたが、ＷＴＯやＩＭＦに参加した後も、そして二十一世紀初頭に習近平体制が成立した後も、政治面では共産党の指導体制を堅持している。ただし、その中国共産党が共産主義を目指す組織か否かは明らかではない。今この政党が掲げているのは、「中華民族の復興」である。民族の「復興自体」が問題なのではない。復興した民族のその後の行き先が「社会主義なのか、社会帝国主義なのか」、そこが問題である。

## 主観能動性と価値法則について

▽李達の唯物弁証法と毛沢東の主観能動性

帝国主義戦争に抗するゲリラ戦争において、「主観能動性」の要素が大きな、決定的な役割を果たすことはいうまでもない。そして全国的政治権力の奪取後に進める建設（たとえば五カ年計画）においても、その建設が目的意識的な行為であるからには、主観能動性の役割が大きい。

しかしながら、主観能動性の役割を価値法則の客観的な作用を無視するところまで強調すると、客観的な市場経済の原理によって復讐される。毛沢東の主導した大躍進運動が客観的経済原則を無視したことにより、広範な飢餓を引き起こした当時、中国共産党創立以来の党員で、『実践論・矛盾論解説』の著者である李達（当時武漢大学学長）は、一九五八年に武漢東湖賓館に滞在中の毛沢東を訪ねて主観能動性の一面的な強調により、観念論、主観主義に陥ったと批判した。[38]

文革の前夜一九六四年十一月に哲学者艾思奇[39]が楊献珍[40]を批判する「合二而一」論争が起こったが、これは政治の文脈では、ソ連修正主義と袂を分かつ毛沢東の道を合理化する艾思奇とこれに同意しない楊献珍の論争にほかならない。哲学論争とよぶよりは政治論争そのものであった。

**図 38**

**華主席と鄧小平副主席、陳永貴副総理がともに**

華国鋒は後に権力闘争で敗れる鄧小平と一緒にいる
制作者不詳、
一九七四年発行

▽「利潤の名誉回復」を提唱した孫治方と顧準の運命

経済の分野では、毛沢東流の「主観能動性」を価値法則に依拠して批判した二人の経済学者がいる。孫治方（一九〇八―一九八三）はモスクワのクートベに学び、一九五六年に価値法則と「利潤の名誉回復」を提唱した。孫治方は「リーベルマン以上にリーベルマン的だ」と受け取られ投獄された（一九六八―一九七五）。

顧準（一九一五―一九七四）は、上海の著名な「立信会計事務所」で会計学を学んだ体験から、経済原則を企業経営の現場から観察する能力を身につけていた。一九五六年に「社会主義制度下の商品生産と価値法則」を書いて主観主義を批判し、経済計画の根拠として価値法則を重んずべきことを指摘して「右派分子」とされ、一九六五年には「極右派」の烙印を押された。

いずれも価値法則を無視した大躍進運動が経済の運営を破壊した現実を理論的に批判するものであった。

政治的には彭徳懐（一八九八―一九七四）の意見書（一九五九年廬山会議に提出）「大躍進は経済的に引き合わない」とする見解が最も有名だ。大躍進運動は主観能動性の一面的強調が経済原則を破壊したことによって失敗したものであるから、批判者の側に正義があったが、毛沢東は批判者の正義を認めようとせず、文革を発動した。

こうして林彪失脚までは、大躍進批判に対する反批判が組織的に行われ、多くの冤罪事件を引き起こした。毛沢東派による一連の反批判は、毛沢東個人崇拝の熱狂の中で行われた要素も加わり、異常なものがあり、これを筆者は「文革の狂気」と表現したことがある。

たとえば林昭は一九五七年「右派分子」として投獄されており、その後いかなる政治活動も不可能であった。にもかかわらず、彼女は文革の造反がピークに達した一九六八年春に、反革命分子という新たな罪状で銃殺された。彼女の社会主義への信念は一貫しているにもかかわらず、その罪状だけが「党内右派分子」から「反革命分子」に格上げされた。

冤罪事件の被害者の視点からすると、文革は二度と繰り返してはならない悲劇である。犠牲者から見るならば、そこには正当性のかけらもない。しかしながら、モスクワを司令部とする冷戦体制のもとで、あらゆる造反を封じ込める官僚主義システムが人々を抑圧していた諸矛盾を直視するならば、革命家＝夢想家毛沢東が「継続革命」を提唱したことによって現存する社会主義の欠陥や矛盾を剔抉した功績には否定しがたいものがある。

すなわちスターリニズムが「階級廃絶」や「人間解放」という目標から、はるかに隔たっていた現実の社会主義のもとで、毛沢東が打ち出したスターリニズム批判は、世界中に共鳴者を見出した。とはいえ、スターリニズムを批判した毛沢東がスターリニズムを克服できたかといえば、答はノーであろう。ソ連社会主義に見られた否定的な現実は、遺憾ながら毛沢東指導下の中国社会主義についてもあてはまる部分がきわめて多い。この現実を認識して毛沢東は、「官僚主義者階級が人民の頭上にあぐらをかいて、人民にクソ、ショウベンをふりかける」と

罵倒した。(41)

「二十世紀に現存する・現存した」社会主義の総括を語るとき、そこから何を教訓として導くべきか、課題は論者に応じてさまざまであろう。それは何よりも帝国主義戦争の最中で、この戦争に反対する人々を動員する戦略戦術として提起され、「飢えからの自由と平和への呼びかけ」によって、帝国主義戦争に対しては「辛くも勝利した」。しかしながら、そこで人々に約束した「社会主義の理想」と比べると社会主義体制下で現実に人々の獲得できたものが、約束された目標に到達したとは到底いえないことも明らかだ。

▽二十世紀社会主義の試行錯誤

人類のおよそ三分の一を巻き込んだ「二十世紀社会主義の試行錯誤」を「階級の廃絶」や「人類の解放」という壮大な目標に照らして点検するとき、そこには色濃く深く、帝国主義戦争の負の刻印が刻まれている現実に気づく。それゆえ、二十一世紀の人類の希望は、現存する（現存した）社会主義の止揚から始まるが、それは悪夢の覚めた後の希望にも似て、容易に把握しにくい。

現代資本主義のもとでの新しい飢餓や貧困、失業のあり方は、二十世紀のそれと比べてははるかに複雑であり、革命主体の形成は、はるかに大きな困難が予想される。それはもはや二十世紀型の革命という手段ではなく、漸進的な政治改革に依拠する可能性がより強まったと見て

図 39

**あなたがやれば、私は安心だ**

（偉大な中国人民解放軍に贈る）

一九七七年発行

よい。

## 結びに代えて

現代資本主義経済システムは、すでにさまざまの福祉政策をビルトインしており、他方、中国の社会主義市場経済も経済発展の帰結として、今後は福祉政策に重点をおく条件あるいは余裕が生まれている。こうして従来は、大きな溝が存在すると見られてきた二つの体制間のイデオロギー的差異がしだいに縮小し、グローバル経済下で融合度を増し、いわゆるconversion theory（両体制間の相互接近、融合）の要素が強まる反面、いまや宗教や民族主義の新しいナショナリズム対立が前面に飛び出した。米国の影響力の減退は明らかだ。中国経済は米国債を大量に買い支えることによって、いま「チャイメリカ」構造[42]が成立したと矢吹は分析している。

ここで国際通貨基金ＩＭＦが毎年発表している『貿易の方向Direction of Trade』（二〇一五年）を用いて、世界経済を貿易構造から一瞥すると、次の図を描ける。中国は米国に四千百七億ドル輸出し、千百六十一億ドル輸入したので、対米黒字（米国の赤字）は二千九百四十五億ドルであった。トランプが目の仇にしているのは、この数字だ。

中国からＥＵ向けの輸出は三千五百六十五億ドル、ＥＵからの輸入は千八百九十三億ドルである。中国の対ＥＵ黒字（ＥＵの赤字）は千六百七十二億ドルである。

中国からＡＳＥＡＮ諸国向けの輸出は二千七百八十九億ドル、輸入は千六百五億ドルである。

中国の対ＡＳＥＡＮ黒字（ＡＳＥＡＮの赤字）は千百八十三億ドルである。

以上を総括すると、中国は米国から約三千億ドルの黒字を稼ぎ、ＥＵとＡＳＥＡＮから三千億ドル弱の黒字を稼ぎ、二〇一五年に都合六千億ドルの貿易黒字を貯めた。その黒字は直接投資や証券類の買付けに当てられるが、最大の投資先は米国の国債（Treasury Bills）の買付けである。その残高は二〇一七年二月現在一兆四千億ドルに上る。[43]

トランプは対中貿易赤字をとらえて不公正なダンピング輸出と非難したが、まもなく非難を止めた。ＧＤＰの規模からすると適正な貿易額であり、かつその黒字の行方が米国債の買い支えに用いられているからだ。もし中国がこの米国債を売り払うならば、基軸通貨としてのドルの地位は失われ、米国内でのみ流通する国内通貨に格下げにならざるをえない。このような貿易構造を見ると、米ドルと中国人民元の補完関係により世界経済が成り立つことが分かる。

文革から半世紀を経て、中国はいまこのような地位にある。かつて毛沢東は世界革命の基地として、世界のゲリラ部隊に武器を届けると革命を呼びかけた。[44] 資本主義対社会主義の冷戦構造で世界経済が分極化の頂点に達した一九六〇年代から経緯を振り返ると、その三十年後にソ連が解体し、中国は市場経済への転換に舵を切り、今日の世界経済構造に収斂した。

ソ連解体当時、一時は「アメリカ経済の一人勝ち」という賛辞が溢れたが、「奢れるアメリカ経済は久しからず」の通りであった。リーマン破産で、本拠地ウォールストリートが占拠される騒ぎに陥った。[45] この直接行動を指導したグレーバーの著書『負債論』[46]が資本主義経済の長

**図 40**

**華主席、〔陳永貴副総理と大寨人民公社の〕虎頭山に登る**

中共山西省委員会、山西省革命委員会制作贈呈、
一九七八年発行

**図 41**

**偉大な領袖毛主席万歳！　万歳！　万々歳！**

偉大な領袖毛主席と親密な林彪同志、中共九全大会にて
人民出版社制作、
発行時期不詳

い終焉過程の始まりを説いて説得的だ。今年はロシア革命百周年である。この百年史に文革を位置づけると、武闘を含む手段によって人間解放を実現しようとする運動史の中間に位置していたことに気づく。

## 註

(1) 小稿は二〇一六年十月十六日、明治大学で行われたシンポジウムの報告稿に加筆したものである。

(2) 徐友漁の十カ条。1大学高校入試停止、2闘争会(対象)、3毛沢東個人崇拝、語録、4旧思想旧文化の破壊、5血統論(高級幹部の紅衛兵)、6革命経験の交流(大串連、無銭旅行)、7江青の様板戯(モデル京劇)、8英国大使館焼き討ち、9中高生の下放(知青下郷)、10林彪事件。

(3) 矢吹晋『文化大革命』講談社現代新書、一九八九年、九二―九三頁。

(4) 筆者はここで古典的な社会主義の図式を解説したが、第二次大戦後に生まれた構造改革論は、古典的な図式を修正して、資本主義の胎内に社会主義的要素を育てることによって換骨奪胎していくものであった。

(5) 『毛沢東の新しい制服』現代思潮社、一九七三年。

(6) 彼はその後、オーストラリアに移住し、その地のいくつかの大学で中国語教授を務めた。

(7) 「大宅壮一氏らが見た中国 革命いまだ成功せず 対日認識には時代錯誤」読売新聞一九六六年九月二十六日夕刊二面。「【香港・星野特派員二五日】大宅壮一氏を団長に大森実、三鬼陽之助、藤原弘達、梶山季之氏らからなる「中国ノンフィクション視察団」一行が、二五日香港に帰ってきた。二六日間の大陸旅行で一行が下した中国診断は、前日の自民党議員団とはうって変わったきびしいものである。一行は文化大革命を中国製空想マルクス主義と断じ、新毛体制にしても、いわば毛沢東主席を奪い合うタックル競争の最中で、いまは林彪副主席が主導権を握っているが、先はわからないとして、中国の現状を「革命いまだ成功せず」「歴史的曲がりかど」にあるとみている。……大宅「紅衛兵運動は一種のジャリ革命ないしはレジャー革命といえる。外国では大学生がリードするが、こちらは中学、高校生が主体だから、知的レベルが低い。一般民衆はソッポを向いている。それだけに、おとながどう考えているか疑問である。第一に、文化大革命そのものが常識はずれだ。戦争中の国家総動員みたいなものだ。……マルクス・レーニン主義と毛沢東主席の関係をいうなら、日蓮と創価学会の池田大作氏の関係といえよう。しかも、第一の敵はソ連で、反米は当て馬とみた。将来、超軍事大国になる可能性がある」。

(8)「秦始皇算什麼? 他只坑了四百六十箇儒，我們坑了四万六千箇儒」。一九五八年五月八日「八大第二次会議第一次講話」『毛沢東思想万歳』丁本、一九五頁。

(9) 矢吹晋「孫冶方のスターリン経済学批判」『二〇〇〇年の中国』論創社、一九八四年、所収。

(10) 矢吹晋「日本から見た文革の衝撃を再考する」『情況』二〇一六年十二月、第三号。

(11) トロツキー派はスターリニズムの官僚制を厳しく批判したが、これをミロバン・ジラスと違って「新しい階級」とは認定しなかった。現代中国においては株式制が公認され、株式保有を通じて生産手段を私的に所有できる。これによって官僚たちは「新しい階級」に成長したと矢吹は見ている。

(12)「毛沢東陳平会談記録」沈志華。

(13)『軍事工作大事記』上四五三―四、四五九、四六八―九、四七六頁。

(14) 中連部辦公庁編『中連部老部領導談党的対外工作』八三頁。

(15)『中国共産党執政四十年』二九一頁。

(16)『毛沢東思想万歳』丁本、三一八―九頁。

(17)『毛沢東文稿』十二冊一二八―九頁。

(18) 楊公素『一個外交特使的回憶』二九一―二頁、馬継森『外交部文革紀実』六八―九頁。

(19)『砸爛旧世界』五六一―四頁。

(20)『毛沢東文稿』十三冊一六三頁。

（21）『中連部老部領導談党的対外工作』四二頁。
（22）金沖及編『周恩来伝』二〇三九―四〇頁。
（23）たとえば作家武田泰淳と堀田善衛の対話『私はもう中国を語らない』朝日新聞社、一九七三年は、その風潮の代表と見てよい。
（24）矢吹は作家鄭義の書いた『紅色紀念碑』を読み、初めて広西自治区の事件を知り、驚いた。大躍進期の政策の過ちが飢餓をもたらした事件はスターリンの農業集団化が穀倉ウクライナで飢餓死亡事件をもたらした歴史と同じだが、文革時期の広西チワン族自治区の食人肉は、明大シンポにおける宋永毅報告のように、飢饉による動機ではなく、人肉食による英雄化・自己強化・治病など、呪術的な発想による動機だったことで改めてわれわれを驚かせた。
（25）矢吹晋『文化大革命』一九八九年十月、二〇二頁。林昭（一九三二年十二月十六日―一九六八四月二十九日）は、北京大学在学中の一九五七年右派分子に認定され、文革期に反革命分子として銃殺された。その後四半世紀を経て、土屋昌明の紹介を通じて胡傑の映画『林昭の魂を探して』（ＤＶＤ版）を知り、改めて深い感動を覚えた。
（26）文革の造反精神を想起して、中国政治の民主化を求めたもの。
（27）編集に直接的に参加したのは、蒼蒼社社主中村公省を中心に、白石和良、村田忠禧、高橋博等だが、ビラや伝単の類を北京で集め、東京にファックスしてくれた編集協力者は大勢いた。その名は、チャイナ・クライシスの該当個所に記した。
（28）東京、蒼蒼社、一九八九―九〇年。
（29）『毛沢東政治経済学を語る』現代評論社、一九七四年、『毛沢東社会主義建設を語る』現代評論社、一九七五年。
（30）矢吹晋「孫冶方の経済理論と新中国の歩み」『日中経済協会会報』一九八三年四月、のち『二〇〇〇年の中国』論創社、一九八四年所収。同「孫冶方のスターリン経済学批判」『日高普教授還暦記念論文集』時潮社、一九八四年、のち『二〇〇〇年の中国』論創社、一九八四年所収。
（31）ソ連では経済計算ホズラスチョートに基づく原価計算が核心に位置づけられた。

図 42

**毛沢東：誠心誠意人民に服務する必要性などを語る**

林彪：戦士や幹部は毛沢東の「老三篇」を学ぶ必要性を語る
人民美術出版社制作、
一九六八年発行

(32) 佐藤の研究成果を富田武は追悼文で、次のように評価している。「佐藤の研究の成果であり、集約点となったのが一九七五年刊行の『現代の社会主義経済』(岩波新書)である。それは、現実に存在する社会主義を、後進国ロシアとスターリン指導の歪みを伴った「前期的社会主義」と規定したこと、集権的計画経済には企業の裁量や省庁との「取引」の余地があり、労働者の「手抜き」と企業の「温情」を組み込んだパターナリズムが伴うと分析したこと、計画経済の「一つの工場」イメージは幻想であり、市場と価格による自己制御を不可欠とすると明示したことにおいて、社会主義経済研究の到達点を示したものと言える。佐藤自身の歴史に即して言えば、彼の「誘導市場モデル」は社会主義の構造改革案であり、反独占構造改革のベクトルが国家独占資本主義から国家独占社会主義に向けられたものだと理解することができる。佐藤の議論は、一九八〇年代のポーランド「連帯」運動を端緒とする東欧革命とペレストロイカにおいて真価を発揮したが、新自由主義は改革中の社会主義をも押し流してしまった。それだけ国家的社会主義、スターリニズムの原罪とトラウマが大きかったのである。佐藤は、ソ連崩壊後の「社会主義経済学会」改称の議論において「比較経済体制学会」への改称に反対したが(実際はこれに改称)、それは教条的に社会主義に固執する守旧派とは異なり、社会主義の歴史を正負ともに引き受ける意味だった」(『現代の理論』第三号、二〇一四年十二月、冬号)。

(33) 柴垣和夫編『たにし会の半世紀』三協美術印刷株式会社、二〇〇五年十一月。

(34) 資本主義経済システムが旧ソ連経済圏を包摂したこと。

(35) 渓内謙『現代社会主義を考える――ロシア革命から21世紀へ』岩波新書、一九八八年。

(36) 矢吹晋『チャイナ・シンドローム――限りなく資本主義に近い社会主義』蒼蒼社、一九八六年。

(37) 佐藤経明『ポスト社会主義の経済体制』岩波書店、一九九七年。小林弘二『ポスト社会主義の中国政治』東信堂、二〇〇二年。なお、「リベラル21」のサイトに在ブダペストの経済学者盛田常夫による追悼記「追悼佐藤経明教授」がある。http://lib21.blog96.fc2.com/blog-entry-2886.html

(38) 李達(一八九〇―一九六六)は日本一高に留学してマルクス主義を学び、中国共産党の創立に参加した古参ボルシェビキである。一九六六年八月紅衛兵の拷問により死去した。武漢大学構内に胸像が立つ。

(39) 一九一〇―一九六六、当時中央党校副校長。

（40）一八九六―一九九二、当時中央党校校長。
（41）「一九六二年七千人大会における講話」『毛沢東思想万歳』丁本、矢吹訳『毛沢東社会主義建設を語る』。
（42）矢吹晋『チャイメリカ――米中結託と日本の進路』花伝社、二〇一二年。
（43）台湾と香港を含む中華経済圏の数字。Major Foreign Holding of US Treasury Bills. 中国の対日本向け輸出は千三百五十八億ドル、日本からの輸入は千九十二億ドル、中国の黒字（日本の赤字）は二百六十六億ドルである。過去四半世紀、日本経済は平均一％程度の成長しかなく停滞していたのに対して、中国経済は約十％程度の成長を続けてきたので（近年は六―七％に落ちたが）、あっさり日本を抜いて、いまや米国に迫る規模となった。この結果、「衰える日本」のナショナリズムと「勃興する中国」のナショナリズムが激しく衝突している。
（44）「中国要成為世界革命的兵工廠」（一九六七年七月七日）『毛沢東思想万歳』丁本、六七九―六八一頁。
（45）これはソ連というブレーキ役が失われた結果、資本の暴走に歯止めがかからなかったものと解してよい。不人気なソ連社会主義にも、米帝国主義の暴走への歯止め役という有用性があったことが事後に確認された。
（46）David Graeber, *Debt: The First 5000 Years*, Melville House, London, 2012. 邦訳、以文社、二〇一六年。

# 革命宣伝画の起源とその展開

中村達雄

革命宣伝画《プロパガンダ・ポスター》は中国共産党の正統性を宣伝するとともに、最高指導者の毛沢東を唯一無二の存在として称揚し、その思想を普及させるための政治的な増幅装置だった。中国版アヴァンギャルド、あるいはプロパガンダ芸術ともよばれる。中共が革命の聖地とよぶ延安で一九三八年に創立した魯迅芸術学院が革命宣伝画の創出に大きな役割を果たした。その手法は単純で、中国共産党史観に基づいて善悪を明確に区別し、無産階級の労働者（工）、農民（農）、軍隊（兵）のいわゆる「工農兵」を、それらを指導する毛沢東や共産党とともに大きく、明るく、爽やかに描き、国民党や日本軍、そして有産階級を卑屈に、小さく、暗く表現した。この手法は中華人民共和国の建国後も人民を教化、支配する装置として進化し、文化大革命の混乱のなかでその頂点を迎えた。(1)

## 揺籃としての延安

江西省の東部地域に展開する瑞金や雩都などの地方都市は、中国共産党が支配する中華人民共和国の源流といえよう。一九二七年四月十二日、蔣介石が上海で発動した反共クーデタで第一次国共合作が崩壊し、地下にもぐった中共はふたつに分裂する国民政府の所在地だった武漢と南京の喉元に位置する江西省南昌市で蜂起し、その後は拠点を都市から農村に移して江西、湖南、福建の各省を中心に根拠地を設け、瑞金郊外に中華ソヴィエト臨時中央政府を樹立した。

瑞金は江西省と福建省との境にある山あいの小都で、その西郊外には巨大な近代建築の中央蘇維埃《ソヴィエト》共和国歴史記念館が場違いのように屹立している。さらに進むと中央革命軍事委員会旧址や紅井革命旧址郡景区があり、中華ソヴィエト時代の国家機関に使われていた古い建築群が田園風景に溶け込んでいる。

雩都の町は瑞金からバスで西行すること三時間、貢水に架かる長征大橋を渡ったところからはじまる。ここは南昌蜂起直後の秋収蜂起に失敗した毛沢東が井岡山にこもって紅軍を組織し、そこで朱徳の軍隊と合流して下山したあとに部隊を駐屯させた地でもある。現在の雩都は中華ソヴィエトの臨時中央政府が置かれた瑞金を引き立てる影の町で、中国人でも知る人は少ない。

蔣介石は全国統一の一環として、江西省に拠点を築いた中国共産党に対して前後五回にわたる掃共作戦（一九三〇年十二月―三四年十月）を実施し、各根拠地を包囲、攻撃した。これに耐えきれなくなった共産党軍は一九三四年十月十六日未明、江西中華ソヴィエトを放棄して雩都県の郊外を流れる貢水の河畔に隊列を整え、全行程一万二千キロの「長征《ロングマーチ》」と自称する新しい根拠地を模索するための行軍を開始する。兵員は複数のルートに分かれて進み、一年後に陝西省北部（陝北）に位置する保安県の黄土高原にたどりついた。一九三七年一月、最終的に延安に根拠地を再構築するまで湖南、貴州、雲南、四川、青海、甘粛などの西部各省を大きく迂回し、国民党軍をかわしながら進軍した。この行軍が「大西遷」とも称される所以である。

大日本帝国による満州国傀儡国家の建国（一九三二年三月）とその後のリットン調査団、八・一宣言（抗日救国に関し全国同胞に告げる書、一九三五年八月一日）の発出、西安事変（一九三六年十二月）を契機とする国民軍の安内攘外から抗日への方針転換（第二次国共合作）、盧溝橋事件（一九三七年七月）などにより中国の進歩的人士、若者の間に抗日機運が盛り上がり、それらのなかでもとくに積極的な分子が中国共産党の新たな根拠地である延安を目指した。こうした状況のなかで中共は延安に文芸幹部を養成するための魯迅芸術学院（魯芸、一九三八年開学）を創立し、そこに上海から避難して来ていた一八芸社(2)の胡一川、江源らが加わり、版画の大量印刷技術による革命宣伝画が生まれた。これが中国において木版画と政治宣伝を結びつけたプロパガンダ芸術の濫觴である。

**プロレタリア文化大革命の全面勝利万歳！**

本書に掲載した革命宣伝画を分類していくと、中国共産党万歳、毛沢東（思想）万歳、個人崇拝、建国・国慶、社会主義建設、文化大革命、八つの革命模範劇、国際共闘などの八種類に大別できよう。

〈中国共産党万歳〉と〈毛沢東（思想）万歳〉は、多くの場合セットで描かれ、毛沢東が中国共産党の最高指導者であり、党が毛沢東思想を体現していることを強調している。毛沢東が社会主義の建設現場を視察し、労働者、農民、軍隊の「工農兵」がそれを歓呼で迎える表現が多い（図21など多数）。また版画で制作した「毛沢東思想万歳！」（図1）は、「工農兵」が選集や語録を掲げて熱狂を創出し、彼らの頭上には赤い太陽のように配置された毛沢東がその思想を照射し、「工農兵」がそれを余すところなく浴びるというわかりやすい構図だ。胡一川が魯芸で確立した手法を忠実に踏襲している。

〈個人崇拝〉は、その対象として毛沢東、林彪[3]、華国鋒[4]らが登場してくる。毛沢東は油絵あるいは写真のなかで大きく、凛々しく、理知的に描かれている。それは毛沢東が中国を救い、社会主義を建設する最高指導者として一手に大衆の支持を獲得する目的で制作されたことが一目瞭然である。林彪（図36）は常に毛沢東に寄り添うように表現され、毛沢東の威光を借り、後継者に相応しい指導者として描かれている。四人組粉砕に功労のあった華国鋒が毛沢東の書斎で手渡されたとされる「你辦事，我放心」（あなたがやれば、私は安心だ）のメモを根拠に、毛沢東の正統な後継者であることを宣伝したポスター（図39）も注目される。これもまた、毛沢東の権力を借りた人民に対する個人崇拝の強要であろう。

図 43

**全世界人民は団結せよ！**
**打倒アメリカ帝国主義！**
**打倒ソ連修正主義！**
**打倒各国反動派！**

上海人民出版社制作、
一九七一年第一版第四刷

〈建国・国慶〉では、まず一九四九年十月一日に天安門城楼で挙行された『開國大典』〔開国の大典〕があり、毛沢東が天安門広場に参集、整列した無数の「工農兵」に向かって中華人民共和国の建国を宣言し、その背後では宋慶齢、劉少奇、朱徳、周恩来ら中共の指導者がそれを見守っている。また、節目となる年の国慶節やメーデーを題材にとった革命宣伝画（図8）もあり、それらには毛沢東の肖像や毛沢東を賛美する革命的なスローガンが散りばめられ、「工農兵」や少数民族の代表が毛沢東を取り囲み、熱狂している。

〈社会主義建設〉で目を惹くのは、「人民公社好」〔人民公社は素晴らしい〕（図3）だ。人民公社とは農業の大規模生産組織に「工農商学兵」の各種機能を持たせた集団農場で、中国農村の行政、生産、社会の基層組織として位置づけられた。毛沢東が抱いた中国古来のユートピアとしての大同思想を具現しようと目論んだものである。その名称は「巴黎公社《パリ・コミューン》」を模して命名されたた河南省七里営人民公社を一九五八年八月に視察した毛沢東が「人民公社好」と絶賛したことで全国に普及した。革命宣伝画の「人民公社好」はまさにこの時の視察の情景を再現した描写で、黄金色に実った稲穂のなかを麦わら帽子に白シャツ姿の農民に愛される毛沢東が「大躍進」の豊作に満足している姿を描いたものだ。

〈文化大革命〉に関する革命宣伝画は膨大な数にのぼる。本書のカバーに使われた「炮打司令部」〔司令部を砲撃せよ——私の大字報〕は、一九六六年八月、毛沢東が執務室で劉少奇、鄧小平ら資本主義の道を歩む実権派の打倒を全国に号令するため、まさに「炮打司令部」の朱色の墨跡鮮やかな大字報を書き上げた瞬間を描いたものである。背景には赤色中国の全図が後光を射している。これは党中央に資本主義の司令部があり、その司令官が劉少奇だとする毛沢東の考えを如実にあらわしたものだろう。実権派への実質的な闘争宣言と言える。文化大革命期に描かれた革命宣伝画にはその他、毛沢東や林彪が「工農兵」に謁見する内容（図11など多数）や、全国に陸続として革命委員会が成立していく模様を図案化した「革命委員会好」〔革命委員会は素晴らしい――プロレタリア文化大革命の全面勝利万歳！〕（図20）などがある。

〈八つの革命模範劇〉は、一九四二年に延安で発表された毛沢東の『文芸講話』[5]二十五周年を記念し、一九六七年に北京で上演された革命模範劇の宣伝ポスターである。八つの革命模範劇とは『智取威虎山』〔威虎山を知略で攻略する〕（図27）、『海港』（図28）、『紅灯記』（図25）、『沙家浜』（図29）、『奇襲白虎団』〔白虎団を奇襲する〕（図24）、『紅色娘子軍』（図30）、『白毛女』（図31）、『竜江頌』（図26）の話劇（新劇）のことだ。いずれも文芸座談会で毛沢東が発表した講話の精神に基づいて制作されたもので、娯楽の少なかった文化大革命期に映画化され、文革の推進に一定の役割を果たした。

〈国際共闘〉は米ソ両超大国による冷戦構造が進むなか、国際社会で同盟国を持たなかった中国がアジア・アフリカ・ラテンアメリカ諸国と共闘し、ともに超大国に対峙する目的で制作された革命宣伝画である。この毛沢東の考え方は文革後期の一九七四年に至って「三つの世界論」[6]として中国外交の基本に組み込まれる。代表的なものとしては「全世界人民団結起来、打倒美帝！　打倒蘇修！　打倒各国反動派！」〔全世界人民は団結せよ！　打倒アメリカ帝国主義！打倒ソ連修正主義！　打倒各国反動派！〕（図43）がある。中空に浮かぶ軍服姿の毛沢東が自信たっぷりに凛々しくポスト超大国時代の地平を見据え、その下で毛沢東選集や紅旗を掲げた「工農兵」とアジア・アフリカ・ラテンアメリカ諸国の人民が共通の目標を掲げてともに闘う情景が描かれている。

革命宣伝画には「工農兵」および少数民族などが多く描かれるが、それらの人々は一様にひとつの表情しか持たない。それは毛沢東（赤い太陽）と毛が人民の教化と統治に利用した装置としての共産党（紅旗）に正統性を調達するため、恣意的にデザインされた人民の顔である。革命宣伝画に表現されたこの顔の表情はそれを見る圧倒的多数の人民に感染し、感染を拒否した個性（ある顔）は多くの場合、反革命分子として断罪され、粛清された。革命的にデザインされた顔は常に「覚悟」（革命的自覚）が高い表情で、毛沢東と中国共産党に無条件で忠誠を誓う幻想を捏造し、革命宣伝画を見る人に「自分もそうあらねばならない」という錯覚を起こさせた。その錯覚を起こすことの出来なかった人民は苦悩の末、自分自身に対して「革命の自覚が足りないのだ」と無理矢理に思い込ませ、毛沢東と中国共産党の独裁支配を受け入れたのである。(7)

革命宣伝画に印刷された毛沢東および「工農兵」、少数民族の姿は実写ではなく、都合よく

**図 44**

**中国とアルバニアの偉大な友情に万歳**

中国文化省制作、
一九六八年発行

モディファイされたイマジナルな幻影であり、この時点で毛沢東の肖像は本人と同等の権力と影響力を具備する身体となっていった。これを見た人民にはたとえ見知らぬどうしでも社会主義建設に邁進する革命分子としての連帯感と共通認識が生まれ、それが文革の狂気として一人歩きしはじめた。中国現代史における文化大「革命」とは真正の革命に対する悪質なパロディであり、冒瀆であった。

### 革命宣伝画を闇に流して文革を清算する

文化大革命は中国の建国以来、毛沢東の強力な独裁体制のもとにおかれた時期であり、その主張する政策が強力に推進された期間でもあった。[8] その文革も一九八一年に開催された中共中央委員会全体会議（十一期六中全会）で「十年浩劫」（十年の災禍＝一九六六―一九七六年）と酷評されて全面否定された。文革を発動した毛沢東は、「三七開」（三分の誤り、七分の功績）と評価されている。七分の功績とは、長い戦乱を経て中国を建国させるに至った一九四九年までの時期を指しており、文革に関わる毛沢東の思想や行動が完全に否定された（三分の誤り）ことはいうまでもない。文革とはそれほど中国に災禍をもたらし、人民に死をふくむ塗炭の苦しみを強要した。その意味で、中国国民は文革とそれを発動した毛沢東に大きな貸しをつくったのである。

「十年の災禍」が終結し、文革で同志を売った者も、売られた者もそろそろ第一線から退き、社会や職場から淘汰されはじめたころ、毛沢東バッジや肖像画をポップとみなした文革を知らない若者を中心に文革グッズが市井に流通してブームになったことはそれほど遠い記憶ではない。こうした風潮のなかで、長く眠っていた革命宣伝画に別の角度からふたたび光が当たりはじめた。苦しかった過去を憶うというコンセプトで「憶苦菜」[9]と称する粗菜を供して繁盛した懐旧レストランは、室内装飾用に競って革命宣伝画を飾り、タクシーの運転手たちは御守りとして毛沢東グッズを買い求めた。このような流行のなかで一部の利にさとい中国人たちは「文革はカネになる」と考え、国営書店の倉庫に死蔵していた革命宣伝画をこっそりと持ち出し、それを売り飛ばして毛沢東に「算文革的帳」（文革を精算）したのだ。

## 註

※ 本稿の執筆に際し、拙稿「〝文革〟プロパガンダポスター図鑑」（『中国語ジャーナル』アルク、二〇〇七年四月）から一部を引用した。

（1）牧陽一・松浦恆雄・川田進『中国のプロパガンダ芸術』岩波書店、二〇〇〇年、序章を参照。

（2）一九三〇年五月に杭州で旗揚げした。春地美術研究所とも称する。国立杭州芸術専科学校の西湖一八芸社から分派した組織で、翌年には上海一八芸社に発展する。胡一川、江豊、陳広らメンバーの多くが、早くから宣伝媒体としての木刻（版画）に着目していた魯迅の薫陶を受けて成長した。

（3）一九二五年、共産党に入党した。軍人、政治家。国防部長、党副主席などを歴任し、毛沢東の後継者とされた。息子の林立果が毛沢東暗殺に失敗し、家族で国外逃亡を図ったがモンゴルで墜死した。

（4）一九三八年、共産党に入党した。公安部長などを経て、四人組粉砕の功労で国務院総理、党副主席から党主席、中央軍事委員会主席の最高位に就いたが、鄧小平との権力闘争に敗れて失脚した。筆者は、華国鋒が党主席時代に人民大会堂で主宰した最後の国宴に招かれて出席し、その講話を間近で聴いたことがある。

（5）一九四二年五月、党内に小市民的な個人主義や自由主義的意見が広まっていることに危機を感じた毛沢東は延安の革命根拠地で文学芸術座談会（党内シンポジウム）を開き、文芸は人民大衆すなわち労働者、農民、兵士（工農兵）が革命工作を遂行するのに役立つものでなければならない、とする方針を打ち出した。それは後に「趙樹理方向」というベクトルに収斂し、文芸全般に大きな影響を与えた。竹内実「洞窟の文学から都市の文学へ」岩波講座現代中国第五巻『文学芸術の新潮流』岩波書店、一九九〇年、一〇―一四頁を参照。

（6）毛沢東の国際認識であり、外交戦略を指す。米ソ両超大国を第一世界、かつて帝国主義の植民地、属国だったアジア、アフリカ、ラテンアメリカの発展途上国を第三世界、日本や西欧、カナダなどの先進国を第二世界と第三世界の中間に位置する第二世界とし、中国は第三世界に属するという考え方。

（7）筆者が一九七〇年代末から八〇年代初めにかけ中央廣播事業局国際台日語部（ラジオペキン）で対日プロパガンダ放送に従事していたころ、文革期に「忠字舞」を踊ったことのある同僚から聴取した述懐にもとづく。

（8）安藤正士「文化大革命の諸問題」岩波講座現代中国第四巻『歴史と近代化』岩波書店、一九八九年、二二八頁。

（9）正式名称は「憶苦思甜菜」で、苦しかったころを憶い、甘美な将来に思いをはせて食べる料理の意。メニューの左頁に憶苦菜、右側に思甜菜が紹介されていた。

図 45

**銃口から政権が生まれる**

（Powerty is from gun）

マルクス主義、レーニン主義、毛沢東思想万歳！
全世界のプロレタリアートは聯合せよ！
解放軍画報社提供、
人民美術出版社制作、
一九七一年発行

## 座談会　文化大革命と現代世界——矢吹晋氏に聞く

### 戦後中国研究における「熱気」

**及川**　文化大革命について論じるとなれば、矢吹晋さんの『文化大革命』（講談社現代新書、一九八九年十月刊行）を避けては通れない。今回改めて買い直したら二十一刷！　すごいですね。

**矢吹**　これだけです（笑）

**及川**　一番売れた本ですか？

**矢吹**　六万部くらいかな。でもこれだけですよ。私は売れない本ばかり書いて出版社を困らせる疫病神です。

**及川**　八九年十月に刊行されたというのも、非常に重要だと思います。同年六月の天安門事件の影響もあったと思いますが、それを超えて、この本は「熱気」がキーワードのひとつと言えるでしょう。矢吹さんはこの本のところどころで、「熱気」とか、あるいは「熱狂」という言葉も使っていますが、ご自身が中国の熱気に感染したと書かれている。

「熱気」という言葉を考えるとき中国研究者には、時期的に分かれる熱気があると思うんです。第一は、丸山昇先生のような世代の人。彼は一九三一年生まれで、もう亡くなりましたけれども、社会主義中国、新中国建国の熱気に感染した世代です。第二は、文革の熱気に感染した世代。第三は、まさに私もそうですが、「六四」の熱気に感染した世代。中国研究者は世代的、時期的に区別すると、その三つの熱気に分かれると思うんですね。

私が天安門事件や劉暁波について研究しているのは、高校に入学して中国語をはじめたのが一九八九年で、まさにこの「熱気」ゆえです。ところがそうした熱気とどのように向き合うか、どのように距離をとるかが、中国と関わる際に非常に難しい。

丸山昇先生は、熱気を感じなければ中国研究はできないという熱気肯定派だった。しかし、今は熱気とどう折り合いをつけるのかが、中国と関わる上で非常に重要です。

矢吹さんは『鄧小平』（講談社学術文庫、二〇〇三年）のなかで「観察対象である現実の大きな変化は認識する者の側に絶えず反省を迫る」と書いています。『文化大革命』でも「「すべては疑いうる」というのが、マルクスの座右の銘であった」と書いてありました。

その意味では、熱気に感染しつつ、いかに熱気だけで終わらないか、というところが重要だと思います。矢吹さんご自身はあの熱気を今どのように振り返っているのか、ぜひお聞きしたいところです。

もう一点は、矢吹さんは『文化大革命』のなかで、新たな思想、新たな運動が確実に成長しつつあるとして、非常に楽観的な希望を、中国の思想界、とりわけ知識人に託している。この本が出版されたのは「六四」の年、八九年の十月で、民主化運動は武力弾圧されましたが、しかしやはり色々なものが生まれているという期待を持っていた。矢吹さんのその後の著作を読んでも、中国のなかから何かが出てくるだろうという期待が感じられます。

現在でも、楽観的な期待を中国社会、思想界、とりわけ知識人に対して持っているのかどうか。矢吹さんの熱気というか楽観的な期待はこの数年急速に変わってしまったのではないか。それは言論弾圧など、中国国内の変化もあると思うのですが、もうだめだと思っているのかどうか。中国は変わるはずだと思っているのかどうか。ぜひその辺も聞いてみたいと思います。

矢吹晋氏

**矢吹**　基本的には昔と変わりません。習近平は、毛沢東のカリカチュアかと疑いの目を一方では持ちます。しかし今の国際・国内状況を考えると、そこから何か生まれるかも知らんという期待感も持ちます。半信半疑ですね。

## 〈近代〉と〈前近代〉のねじれ――旧左翼から新左翼へ

**石井** 文化大革命や毛沢東思想は果たして〈近代的〉だったのか、それとも〈前近代的〉だったのか？ 今も昔も大きな争点です。矢吹さんの『文化大革命』でも触れられていますが、林彪がクーデタを起こす際に「彼〔毛沢東〕は真のマルクス・レーニン主義者ではなく、孔孟の道を行う者であり、マルクス・レーニン主義の衣を借りて秦の始皇帝の法を行う」として告発しました。ここで毛沢東は封建的な暴君、前近代的な政治体制の象徴として現れる。クーデタを企てた林彪の立場は「反封建」です。こうした〈近代〉と〈前近代〉、〈革新〉と〈反動〉のねじれは、「文革の亡霊」と言ってもいいかもしれませんが、いまだに中国を漂っている。

戦後日本でも問題は同じ地平で語られていました。一九七三年に日中出版から『文化大革命と毛沢東思想』という本が出ました。そのなかで伊藤敬一さんがこの問題を扱っています。彼は、毛沢東思想を考える切り口として、一九四二年の『文芸講話』を持ち出す。その基調は「前近代的様相によって、近代的考え方を排除する」ものなんだけど、彼の見るところ、近代を経過せず、近代を知らない農民の存在が圧倒的多数だったという背景から、そういうねじれが起きた。その問題を毛沢東は『文芸講話』で議論してるという。伊藤さんは「ヨーロッパの近代文化が、資本主義のアジア侵略とともに、上から権威として入ってきた」として、植民地的、あるいは疑似近代的な権力について、それは中国にとっては反動的なものだって言ってる。そして、その反動的なものに対して民衆が本能的に反感・嫌悪を覚えたのが文革だった。

だから伊藤さんは、こういう反動的なものに対して嫌悪感を示すのは、非常に自然な反応だということで、肯定するんです。「「近代」は少数の支配者、少数のエリートのものであり、政治的には反動の側にあると思う。そして権力の圧迫下で民衆が、かたくなにまもり愛してきた「前近代」はむしろ進歩の側にあり、本質的に民主主義的な場にある」と。前近代的なものを土台にして、西欧近代的なものを否定するわけです。否定することが逆に進歩になる、という考え方を、彼はある意味でしかたないっていうか、肯定してるわけです。

ぼくに言わせると、文革というのはまさにここで言ってる前近代的なもので、社会の土台として根強く残ってる。そういう意味で、「文革の亡霊」みたいなものが、なんかの機会にまた現れるということの繰り返しじゃないかなと思う。

もうひとつ話したいと思っているのは、新左翼が全世界的に社会運動として広がっていった、そのイデオロギーの根底のひとつにあるのは明らかに毛沢東思想なんだけれど、じゃあその毛沢東思想が本当に近代的なものを超えるような形での思想的な根拠になっていたのか、ということです。

及川淳子氏

**矢吹**　思想史的に言えば簡単だと思います。「新左翼」に行く前に、戦後の新旧左翼そのもの、つまり日本のいろんなあらゆる運動が、戦時中の抵抗から戦後まで、中国革命の影響を受け、それを糧にして日本でも何かやろうとしてきた。戦後は特に、贖罪感もあるし、日本共産党の内部で圧倒的に「中国派」は強かった。

ところが朝鮮戦争が起こると、日本で山村工作隊をやり、大失敗に遭い、大怪我をした。中国と深くつきあうとヤバイということで、宮顕〔宮本顕治〕たちが「国際派」と称して対中独自路線を提起した。文革が起こることによって、文革中国か、ソ連派か、日中両共産党は一九六六年に完全に分裂する。毛沢東路線をどこまで受け入れるか、ここで分かれた。

そういう争いのなかで新左翼が生まれる。新左翼の分派作りは一九五八年あたりから始まる。契機はスターリン批判です。ソ連こそが社会主義の本家だと思って運動してきたけれども、ソ連や東欧の現実が真に社会主義なのかという懐疑が生まれた。中国は「大躍進・人民公社」を模索し、ソ連とは異なる独自路線を始めた。そこから「中国派」と「代々木派」に分かれた。国際情勢をよく見ていた連中（たとえば東大細胞など）は、中国派を切り捨てた代々木中央は、革命放棄ではないかという懐疑を抱き、それがブント（共産主義者同盟）をつくっていく要素になる。

とはいえ、新左翼の主流はだいたい反中国です。反中というよりも反民族主義＝反「一国革命」主義＝世界革命派。中国は「民族主義だからダメだ」という批判。樺美智子が一番いい例です。私は樺美智子から「あなたはなぜ中国を研究するのか」と問い詰められた。彼女の見るところ、毛沢東はスターリン主義の亜流にすぎなかった。だからよく言い合いになりました。世界革命を目指す階級闘争を私は否定するものではないが、同時に日中間には、侵略戦争の後始末、すなわち国交正常化という民族問題があるのではないか、と私は反論した。

彼女は保守政権の下での日中友好運動は、人民の連帯にはなりえない反動的なものだとさえいいました。地下の彼女が毛沢東の讃辞「樺美智子は日本民族の英雄だ」（一九六〇年六月二十一日）をどう聞いたか、複雑な気分です。これが駒場寮の総代会議長などをやった一九五八年から六〇年にかけての私の動きです。六〇年安保を主導したブントが生まれ、過激な闘争を指導し、解体した。私はブントには参加しなかったのですが、西部邁や加藤尚武とはいまも友人です。

**石井**　矢吹さんは運動論として日本の戦後の社会運動というか学生運動を二分したのが毛沢東と文革だったって言い方をされたんですけど、何が極端な政治的対立を生んだんですか。

**矢吹**　一九五六年のスターリン批判、ハンガリー事件あたりが源流です。それまではスターリン型社会主義への懐疑は表面化しなかった。文革が起こることによってはじめて、スターリン型とは異なる、もうひとつの社会主義運動が運動として人々を動かし始めた。これは日本だけの現象ではない、世界的な潮流でした。

毛沢東の継続革命論をトロツキーの永久革命論と重ねて見た人々が文革に共鳴し、文革派になりました。アジアでは朝鮮戦争が終わり、フランスを追い出したヴェトナムで、今度は米軍相手のヴェトナム戦争がエスカレートしていた。アメリカは本格的に介入したが、勝てない。ドミノ倒し理論そのまま、革命はヴェトナムまで来て、東南アジア全域に広がる可能性がある。アジア全体のゲリラ革命が成功する可能性がある。南米ではゲバラ革命が拡大している。アジア、アフリカ、ラテンアメリカ、第三世界で火が点いた。

ロシア革命以来、一国社会主義に蹂躙され歪んでいた社会主義世界が、一挙に局面打開の可能性がある。これを幻想と見る向きもむろんありましたが、文革初期の「造反有理」には、そういう夢がありました。しかしながら、希望はまもなく幻滅に変わる。旗手・林彪が吹っ飛ぶ。周恩来の手で脱文革＝秩序回復が進む。とりわけ、われわれを当惑させたのは、毛沢東とニクソンの握手です。ヴェトナムが戦っている時、後ろで毛沢東が仇敵ニクソンと手を組むとは何事か。それが左翼的「嫌中」の原点です。

## 幻滅と絶望の時代？

**鈴木**　ちょっと大きな話なんですけども、文革というものが共産党による革命に対する見方なり評価というものとどう関わっているのか、つまり文革が起きたから中国革命に対する認識が、たとえばこう変わったとか、あるいはこういう理解になったとか、文革と中国革命の評価っていうのはどうお考えかというのを伺いたいなと思ってました。

私は文革のあとの世代で、熱気を知らない世代です。一九八〇年代に石井知章さんといっしょに中国にいたんですけども、そのときは希望に満ちていた。中国はまだ新しい社会主義をやっぱり目指していたと思うんです。私が暮らした環境がそういう環境だったというのもあります。社会主義に希望を託す人たちが周りにいたんですね。私も、ソ連型社会主義はどうやらだめで、ただ、「改革開放」を掲げた中国には、ひょっとしたら希望があるんじゃないかという思いで中国にいました。八〇年代は、いろんな不満はもちろんあったけれども、

石井知章氏

少しずつ良くなっていって、だんだん法の支配が確立されて、まっとうな社会主義になっていくんじゃないかと期待してた。

　それが「六四」が起きて南巡講話路線になったところで、私はこれで中国革命は終わったと思った。福本勝清さんの言い方だと、「ユートピア運動は終わった」と。つまり共産主義、社会主義というユートピアを追いかける運動は、「六四」でもう終わった。だから今は中国型の社会主義に対する期待は、ぼくのなかではもうないです。あの体制はもうまったく期待できない。理想が何もない。何を目指してるのかわからない。中華人民共和国の歴史のなかには、大きく分けると文革と「六四」というふたつのエポックがあると思いますけど、その両者と中国革命全体に対する矢吹さんの評価がどうリンクしているのかということを教えていただきたい。

**矢吹**　鈴木さんは幻滅して、もう幻想は終わりだとおっしゃるけれども、私は「六四」についていろいろ調べて「チャイナ・クライシス」シリーズ（蒼蒼社）を編集したので、ちょっと違う認識を持っています。「百万デモ」には、趙紫陽の党務ラインが動員をかけた背景がある。自発的に「百万デモ」が生まれたわけではない。同時に当時の権力者たちの舞台裏をよく見たら、悲劇を避ける道もあったはずです。

**鈴木**　「六四」で共産党、鄧小平がやったことはもちろんとんでもないと思いますけど、それより南巡講話以降の路線というのは、やっぱり社会主義圏の崩壊という背景が大きくて、鄧小平が考えていたことは、一党体制をいかに維持するか。そのためにはなんでもやる。そのためには資本主義もやる。だけど民主化はしない。ここが経済が発展して中産階級が厚みを増せば、自然に民主化が進むって言ってる人たち、朱建栄さんと大きく違う。

**矢吹**　私もかつてそう言い、「中産階級が国を変える」(二〇〇二年一月三日NHKBS)という正月番組をつくりました。ただし、マイホーム、マイカーは実現したけれども、政治の民主化には至らなかった。

**鈴木**　鄧小平に言わせればそれは間違ってる。鄧小平がなぜ資本主義を導入したかっていうと、それは一党独裁を守るためですから、豊かになれば民主化が起きるなんてことはありえない。要するにそれを防ぐためにやってたんですから。私はそれがよくわかった。だから全体として中国の経済の嵩は大きくなりましたけど、きわめていびつです。結局、「農民工」の人を差別することによって成り立っているシステムです。差別と収奪による体制の維持なわけですよね。だからそういう意味で言うと、こんなシステムはサステイナブルなはずはないと思います。崩壊がもう近づいてる。

**矢吹**　たしかに農民工を差別して、そういう支配と収奪の構造をつくってる。その体制がいつまでも続くはずはないと私も思う。その点は同じですけども、じゃあ続かないとしたらその先はどうなりますか。

　そこをまさに矢吹さんにお聞きしたいわけです。もし民主化が今後可能だとしたら、ぼくはやはり一九八〇年代の路線を考えて、それをそのまま、たとえば趙紫陽の路線をとるか、胡耀邦の路線をとるか、それはいろんなオプションがあって、現実的にはそのまとまることはないと思うんだけど、それをひとつの基礎というかモデルにして、乗り越えるような形でしかぼくはありえないと思っています。

**矢吹**　共産党独裁体制がいずれ崩壊することは間違いない。しかし今はむしろ「簡単にはつぶれなかった」事実に着目すべきだと思っています。韓国の民主化は、朴正熙の軍事政権ではじまり、成功した。台湾の場合、蔣経国から李登輝を経て民主化した。中規模国では、経済が発展して中産階級が生まれ、社会も変化した。期待したけど、中国は規模が大きいから、いわゆる中産階級の成長＝民主化論がそのまま当てはまることはなかった。私の見方が楽観的に過ぎたことは、いま反省してるけれども、そういう道筋がまったく消えたわけではない。

**鈴木**　胡錦濤あたりまでは私もそういう希望は若干あったけれども、習近平になってからはまったく絶望していて、石井さんは趙紫陽・胡耀邦路線と言うんだけど、あれはあくまで社会主義という枠内での改革の話なんで、もうそれは放棄されてる。だからそこに戻るということはありえない。

**石井**　ぼくはそうは思わない。

**鈴木**　いやあれはやっぱり社会主義なんです。民主化ではない。要は社会主義の立て直し運動。だから社会主義をやめるってのはあのとき考えてたわけじゃない。今は社会主義さえやめてる。一党独裁であればなんでもいいんだから。ラベルは社会主義とかマルクス主義とか言ってるけど、そういう実質は何もない。今の権力はそういう美しい言葉で語れるような権力ではないですよ。非常にグロテスク。

ぼくにはまったく見えないので絶望してるってことなんですけど、中国から新たなパラダイムが出てこないのかと期待する気持ちはわからなくはありません。今のところはまだなんの手がかりもない。かけらもない。

## 歴史は繰り返す?

**及川**　懸念されるのは、習近平についてどう考えるのかというのがあったとしても、毛沢東思想ならぬ習近平思想などが出てくると、記憶が再生産されて、文革当時を知っている人が「貧しかったけれど平等で良かった」というような、大衆の側、社会の側がやはり文革の歴史をなぞってしまうのではないか、これは非常に危険だと思う。

その意味では、歴史の記憶が再生産されることと同時に、文革が中国社会に与えた社会心理的なもの、たとえば、宋永毅さんの論考で触れられている敵対意識、仇敵意識など、階級の憎しみもそうですが、歴史的な事象にとどまらないものが非常に大きいと感じます。私の関心に引きつけて言えば、だからこそ劉暁波が「私には敵はいない」と言ったのはすごく意味があることだと思う。

**鈴木** 今のところはどんどん習近平崇拝になってきている。

**矢吹** 今の情況はまさにプチ毛沢東体制です。

**石井** 内外の学会の議論も見るに堪えない、聞くに堪えないものが多いです。学術的な議論をしてるのにもかかわらず、まず最初に習近平のことを言わなきゃいけない。まずヨイショしてからじゃないと、本論に入れない。ただ、大衆は本当に文革と毛沢東時代が懐かしいと思っているんだろうか。

**鈴木** そこはどうだろうか。やっぱり民衆のほとんどは今のほうがいいと思ってる。

**矢吹** そういうふうに思う人が多数だから、体制は当分続く。かなり無理のあるシステムだと私も理解しているけど、「それにもかかわらず続く」というのは、「続く根拠がまだある」という認識です。

**石井**　ぼくは文革を支えた層と、今習近平を支えてる層は一致してると思う。そういう意味では、文革ってのは重い問題として今の政治に投影されている。

**矢吹**　今は昔と違って鎖国ではなく、対外開放体制です。そこが毛沢東時代、文革期の鎖国時代とは違う。今の体制が本当にいやで、能力があれば外国に出て仕事することもできる。そういう限られた意味で「選択の自由」はある。台湾の留学生は一時期ほとんど帰国しなかった。ところが、台湾の経済が発展したら、一挙に帰国ブームになり、彼らが帰って台湾の民主化を支えている。大陸の「海亀（帰）派」、外国に出た人たちも仕事があればそれなりに帰ってそれなりの仕事をしている。そういうグループが増え、風穴が中国の体制を内側から支えている。

鈴木賢氏

**鈴木**　今はそういう人たちはひとつの判断、損得勘定で中国に帰ったほうが得だから帰る。それが算盤が変わると、一夜にして崩壊すると思うんです。開いてるだけにね。閉じてる世界が崩壊するのは時間がかかるけど、開いてるだけに一夜にして崩壊すると思う。だから、今はたしかに支持してる人が多いかに見えて、安定してるかに見えますけど、何かのきっかけで、ぼくは一日で崩れると思います、この体制は。

**矢吹**　逃げる連中も少なくないが、残る連中がやはり多数派です。文句は言いながら、彼らが依然として外に逃げていかないのは何故か、私はそこに着目して観察しています。

**及川**　世界的な環境という意味で見れば、やはりジャスミン革命と中東の混乱は大きな影響がありました。体制が変わるという革命の熱気はあったけれど、終わったあとの混乱を見ていたら、必要悪として重しは置いておいたほうがいい、強いリーダーを戴いていたほうがいいだろうという考え方です。国際環境に加えて歴史的、伝統的な発想で強い皇帝がいたほうが安心するという心理があるのでしょうか。ジャスミン革命と中東の混乱が現体制を肯定する材料のひとつになってしまいました。

## リーマンショック後の中国

**矢吹**　現代中国を理解しようとする場合、二〇〇八年のリーマンショックから考え直さないといけない。今経済政策のトップリーダーとして劉鶴というエコノミストがいる。習近平の経済政策の全般を指南している。私は『二つの世界恐慌の比較研究』（原書名『兩次全球大危機的比較研究』中国経済出版社、二〇一三年）以来劉鶴に注目しています。一九二九年の世界恐慌と、二〇〇八年のリーマン恐慌、この二つを詳しく対比分析して、両者は資本主義が本当に迎えた大危機であって、それをどう処理するかによって資本主義の運命が決まるとみている。実証分析を踏まえて「中国はどうしたらいいか」を展望しています。

習近平はそういうエコノミストをそばに置いている。やってることは、毛沢東の真似の個人崇拝みたいでちょっと茶番じゃないかって気もしないでもないけれども、実は世界経済の分析に力を入れている。

戦後経済史を振り返ると、一九四五年以後、ブレトンウッズ体制が構築されて、アメリカのドル支配が続いてきたが、最初の大きな挫折は一九七一年のニクソン訪中と同時に打ち出された金兌換停止です。米ドル紙幣はそれまで金の裏付けがあったから権威があった。しかし、ニクソン・ショック当時、ヴェトナム戦争でドルを遣いすぎて金と兌換できなくなった。そこで、どうしてもヴェトナム戦争を終わらせ、ドルの浪費を停止せざるをえない。そのために毛沢東と取引せざるをえなかった。それがパクス・アメリカーナ終焉の始まり、ドル帝国の最初の躓きです。

今回のリーマンショックは第二の躓きと言えます。ＬＳＥ（ロンドン大学経済学部）の文化人類学教授、デヴィッド・グレーバーの『負債論』（酒井隆史監訳、高祖岩三郎・佐々木夏子訳、以文社、二〇一六年）がとても示唆的です。彼はウォール街占拠運動の理論的指導者としても知られた人物です。

彼に言わせると、経済学者はもう役に立たない。歴史学者も駄目だ。文化人類学者が人類史五千年の知恵を総括して、一番いい回答を出せると豪語してます。マルクスの『資本論』的世界は、終焉した。文化人類学の知見を用いると、『資本論』は裏返して『負債論』になる。強欲な資本の代理人ではなく、資本蓄積の裏側にいて、負債を負う者こそが、現代社会の真の市民だ、と彼は喝破している。

つまり借金者が社会の主人公であり、借金を負う人々が世の中の担い手だと、価値観を転倒させた。これまでの歴史を見ていると、あらゆる社会や王朝が変わるのも全部借金した人が増えてしまって、もう借金する対象がなくなったときに王朝が潰れた。日本史に翻訳すれば、徳政令、徳政一揆ですね。現代社会は徳政令で仕切り直しをしないと次に行けない。彼はサブプライム・ローンの崩壊、リーマン恐慌もこの枠組みで理解して、強欲な資本主義に弔鐘を鳴らし、真に人間的な社会を構築せよ、と呼びかけています。これが二十一世紀社会の今日的情況です。

もうひとつ、まったく別な本を紹介したい。ジョヴァンニ・アリギというイタリア出身の社会学者がいて、『北京のアダム・スミス――二一世紀の諸系譜』（中山智香子監訳、作品社、二〇一一年）という本を書いて、話題になっています。アリギは中国伝統の「朝貢貿易」体制を高く評価して話題になった。

「朝貢貿易」体制は「非等価交換」だから、発展性、未来性があると逆説を述べる。「資本主義はなぜ行き詰まったか」、それは等価交換を基礎として、資本の暴利追求を認めた結果、富が金持ちに集中し、他方に膨大な貧乏人が生まれた。歴史を回顧すると、中国の王朝がなぜ五千年続いてきたか、その秘密がわかる。それは「等価交換」ではなく、「不等価交換」のためだという。

イデオロギー的には、「王道による支配」とか「徳による支配」とか言うけども、要するに、「朝貢してくれたらその倍は返しましょう」という思想に基づく。要するに「互いに借りを意識しあい」、努力してより多くを贈り物としあう共同体的関係に律せられる形でパクス・シニカ体制が永続した。パクス・ブリタニカやパクス・アメリカーナ流の近代資本主義のロジックによるものとは違う形で「中華世界」が安定的に存在した歴史の教訓に学び、もう一回見直したほうがいいとアリギは説く。

私自身は生涯、社会主義の中国が新しい世界をつくる担い手になる可能性を考えてきたけれど、もはや社会主義中国は期待できない。アメリカ資本主義が衰弱し、世界を管理する能力を失いつつある現在、中国はいま、どういう役割を果たしてアメリカの金融資本主義の暴走を支えているのか、これから現行の「チャイメリカ」構造がどうなるのか、それが現代史にとって意味するものは何か、それを見極めたいという問題意識ですね。

**石井**　グレーバーやアリギの発想は面白いとは思うんですけど、結局、現実的には習近平体制の正当化にしかならないし、あるいは文革ということでいうと、文革にもいいところがあったみたいな危ない面を持ってると思うんです。徳政令や朝貢貿易は〈前近代〉の産物で、まさにここにも〈近代〉と〈前近代〉のねじれが顔を覗かせてる。われわれ自身が「文革の亡霊」にいつのまにか取り込まれてしまうという、まさにその好例と言えるかもしれません。今日はどうもありがとうございました。

二〇一七年三月二十二日、白水社編集部に於いて

# 文革研究の今日的意義を問う——あとがきに代えて

鈴木賢

本書の書名に使われた「造反有理」は、周知のように文化大革命が始まった一九六六年ごろ中国で流行した政治スローガンである。このスローガンにはいわば上の句として、ときに「革命無罪」が冠せられ、セットで用いられた(図46)。[革命無罪、造反有理]([ ]は原語。以下、同様)「革命的であれば、無罪であり、造反するなら、それには理がある」。

このスローガンに表れた思惟方式が、まさに[無法無天]と言われた法の存在をまったく媒介としない文革期の政治社会の基底をなしていた。いかに滅茶苦茶で野蛮な行為であっても、その動機が革命的で造反的であると主張でき、理があると言いうるなら、それは罪に問われることはない。革命派、造反派に属している限り、なにをしてもその法的責任を問う者はなく、なにをしても結果的に許されてしまう。宋永毅論文が本書で赤裸々に描いた目を覆いたくなるほどの惨劇は、こうした思考枠組のなかで生じた。政治的に「正しい」ことは、すなわち「合法」と見なされることになる。政治的合目的性が合法性に圧倒的に優越し、生き地獄ともいいうるカオスを生み出したのである。

本書所収の宋論文によれば、このように政治的な「正しさ」によって正当化された（性）暴力、殺戮、略奪など悪行の限りは、実は中華人民共和国の建国初期の土地改革運動以来繰り返されてきたことの延長線上に出現したものだという。本書のもととなったシンポジウム当日（二〇一六年十月十六日）、私の脳裏にもっとも印象深く刻まれたのが、「文革は五〇年代土地改革の［衍生物］に過ぎない」というショッキングな言葉であった。現在が過去の［衍生物］（派生物）であるというのは世の常であるが、文革のような狂気が後代に［衍生］（＝繰り返）されてはなるまい。果たして中国はこうした文革で起きた惨劇の本質を正確に把握し、それを真に反省し、将来へと衍生させることを防ぐ手立てを講じてきたのであろうか。

これに関して示唆的なのが、二〇一七年七月十三日、獄中で患った癌によって命を奪われた中国民主化運動のシンボル、劉暁波の見立てである。劉暁波は天安門事件の直前の一九八九年三月に、「対否定〝文化大革命〟的反省」と題する論文を執筆している（『中国当代政治與中国知識份子』、台北・唐山出版社、一九九〇年、所収）。本稿で劉暁波は、文革を「中国伝統の専制主義の頂に上り切った究極的な発展形態であり、中国の歴史上、空前の暴政統治であった」（二二頁）と定位する。そして、中国の知識人たちが文革を徹底的に否定したかのように見えて、その実、「文革否定のなかに文革を延続させている」（二八頁）と断ずる。いわゆる文革の否定とは、昏君、貪官に向けられていただけで、［専制制度］自体は無傷であったというのである。

**図 46**
**毛沢東思想の偉大なる赤旗を高く掲げ、**
**プロレタリアート文化大革命を最後まで**
**やり抜こう**

上海人民芸術出版社革命造反委員会発行、
一九六六—六七年

いささか長くなるが、きわめて重要な指摘なので、以下にその一部を引用する。

〝文革〟時期よりも開明的な一党独裁、社会主義、マルクス主義によって〝文革〟時期の暴政式社会主義、一党独裁、マルクス主義を否定したに過ぎない。流行りの言葉で言うならば、真のマルクス主義と社会主義によって〝文革〟中のニセのマルクス主義と社会主義を否定したのである。このような否定は、中国を根本的に改造することができないばかりか、専制主義の中国における寿命を延緩させることになると、私は考える。（同書一一頁）

中国の歴代の統治者たちと同様に、共産党の指導者たちは、根本的に一党専制の独裁政体を改編しようと考えたことはなく、専らいかに権力を保持するかだけを考えている。（一四頁）

〝［平反］（名誉回復）〟はいずれも〝文革〟に対する真の否定ではなかった。（二四頁）［平反］の背後にある決定的パワーは公正な法律ではなく、独裁的な専制権力なのである。（同）

専制者たちは自らの利益にもとづいて誰を打倒し、誰を［平反］するかを決定しているのである。打倒も［平反］もいずれも［無法可依］（依るべき法がない）のである。（同）

仁政と暴政、恩典と懲罰は同一の専制政体の両面に過ぎず、仁政と恩典では根本的に専

制政体の性質を変えることはできないばかりか、専制政体の腐爛したプロセスを延緩させるだけなのである。(同)

共産党をはじめ多くの知識人も実は文革を否定などしていなかったし、文革を根本的に否定するとすれば、それは一党独裁体制自体を否定することにならざるを得ないというのである。天安門事件、そして市場経済化路線への転換前に、文革そしてその後の文革「否定」の核心を、すでに見抜いていた劉暁波の眼力に驚かされる。ノーベル平和賞受賞のもととなった「〇八憲章」を起草する劉暁波の思想は、こうして過去から一貫しているのである。

劉暁波のいう「専制主義」は論理必然的に「人治」と結びつく。文革以後の中国が社会主義法制の強化に乗り出し、制定法の整備に励んだことは周知のとおりである。その後、社会主義的法治国家建設というスローガンを唱え、このタームは憲法にも盛り込まれた(一九九九年)。習近平体制になってからも声高に「依法治国」(法にもとづく国の統治)、「[法治]」は治国理政の基本的方式」と唱えている。しかし、他方で変わらぬ一面もあることが見逃されてはなるまい。それは法治の要の地位にあるはずの司法(ここでは裁判を主に念頭に置いている)が、相変わらず法以外の政策的課題の達成を目標とすることを標榜し続けていることである。

中国の法院は、文革後も党の指導の下にあることを正面から掲げ、そのときどきの党の事業に奉仕することを第一の任務としてきた。早くは一九八三年から断続的に続く「厳打」と呼ばれる犯罪撲滅キャンペーンがその代表的事例である（坂口一成『現代中国刑事裁判論——裁判をめぐる政治と法』北海道大学出版会、二〇〇九年、参照）。裁判は権力の忠実な道具でありつづけた（坂口）。しかもこうした傾向は近時、ますます露骨さを増している。五〇年代には法院を「刀把子」（ナイフの柄）に擬えることがあったが、習近平執政下では再び法院を党と人民が握る「刀把子」に例える言説が復活している（人民日報二〇一四年一月九日）。

法院はその他の政法機関とともに、社会的大局の安定を維持することを基本任務とすることを表明している。ごく最近も最高人民法院は、以下のようにときどきの党の政策課題に対応した司法政策なるものを、絶え間なく全国の法院に通達している。

①「人民法院が〝一帯一路〟建設のために司法サービスと保障を提供することに関する若干の意見」（二〇一五年六月十六日）

②「裁判職権作用を充分に発揮して、確実に公共安全を維持することに関する若干の意見」（二〇一五年九月十六日）

③「人民法院の業務において社会主義的核心価値観を育て、実行することに関する若干の意見」（二〇一五年十月十二日）

④「北京・天津・河北の一体化した発展に対して司法サービスと保障を提供することに関する意見」（二〇一六年二月三日）

⑤「裁判職権作用を充分に発揮して、生態文明建設とエコロジー的発展に司法サービスと保障を提供することに関する意見」(二〇一六年五月二十六日)

たとえば②では、食品や薬品の安全に危害を与える犯罪については、「〃[零容認]」(絶対に容認しない)〃の態度で臨み、もっとも厳しい処罰を堅持しなければならない」としている。また、環境汚染による不法行為訴訟では、環境修復、懲罰的賠償などの制度を構築するよう模索すべしとしている。あたかも食品薬品の安全を害する行為については有罪推定が働き、環境汚染には実体法が予定してないはずの懲罰的賠償が適用されるかのごとくである。このように司法政策なるものを通して、最高法院は法院が裁判するにあたっては、法以外に、これらの政策的要請に応えることを旨とせよと指示しているのである。中国の法院は法外的な政策的要請にも奉仕することを、その任務としていることを隠していない。法的世界は閉じられた自律的な空間とはなっておらず、法は政策的合目的性との関係で相対化されることを余儀なくされる。

ところで、最高裁判事を務めた日本における刑事法学の泰斗、団藤重光は、法の本質として法には「独自法則性」(Eigengesetzlichkeit)があることを指摘している。いわく、「法内在的な目的の範囲をこえて他の目的、ことに具体的な政治目的からの打算によって法を運用することは、法の本質に反する。司法はまさに政治的に無色・中立であることによって、その機能を正当に発揮する。政治的司法、官房司法(Kabinettsjustiz)ないし階級司法の弊害は、これによってはじめて防ぐことができる。要するに、司法権の独立は、裁判所が他からの拘束を受けないだけでは足りない。かような対外的な保障のもとにおいて、あくまでも客観的に正しい法の実現を任務としなければならないのである」(『法学の基礎』第二版、有斐閣、二〇〇七年、二〇四頁)。団藤の言葉を借りれば、中国法はまさに具体的な政治目的からの打算にしたがって運用されることこそをよしとされ、裁判は政治的司法そのものになっているのである。

団藤によれば、法に規範的な独自法則性を認めない体制では、司法権の独立も否定(ないし軽視)されるとする。団藤はこれを次のように敷衍する。「法実現ことに裁判における法の適用段階では、考慮されるべきは法内在的な目的——当の法規の立法趣旨として解釈上認められる目的——であって、法をこえた目的ではない。合目的性の関係で立法・司法の性格を混同することは、ひいては司法権独立の基礎を動揺させるおそれがあることを注意しておく必要がある」(同書二三六頁)。「「司法的積極主義」が、治安の維持、公共の福祉の増進といった行政目的に向かっての気負いを意味するとなると、それは裁判所の基本的性格に反することを忘れてはならない」(同書二〇九頁)とも述べる。

まさに中国の司法は法外的な行政目的への奉仕に走り、法をこえた合目的性を追求することを求められている。なるほど、そうした中国の裁判は党の絶対的指導の下にあり、独立性を原理的に否定されているのである。今日も中国の法の現実は、法外的政治目的に支配され、裁判は政治の奴隷のままである。これはまさに「革命無罪、造反有理」の思考と通底する。法がおよそ存在せず、政治性が剝きだしになっていた当時とは違って、一応、「有法可依」（もとづくべき法がある）が実現されたとはいえ、法に独自法則性が認められていない点では変化がない。それは劉暁波の言うように、共産党一党支配体制の論理的必然だとみるべきであろう。とすればこの体制が続く限り、文革的な現象は繰り返されることになる。

出現形態こそ違えど、現在もまた文革の「衍生物」なのである。文革が中国理解にとって、今日的意義を失わない現在進行中の研究テーマたる所以である。

文化大革命
〈造反有理〉の現代的地平
二〇一七年八月一五日　印刷
二〇一七年九月　五日　発行
編　者©　明治大学現代中国研究所
　　　　　石　井　知　章
　　　　　鈴　木　　　賢
発行者　及　川　直　志
印刷・製本　図書印刷株式会社
発行所　株式会社白水社
東京都千代田区神田小川町三の二四
電話　営業部　〇三(三二九一)七八一一
　　　編集部　〇三(三二九一)七八二一
振替　〇〇一九〇-五-三三二二八
郵便番号　一〇一-〇〇五二
http://www.hakusuisha.co.jp
乱丁・落丁本は、送料小社負担にてお取り替えいたします。

ISBN978-4-560-09565-2

Printed in Japan

# 執筆者略歴

石井知章（いしい・ともあき）
1960年生まれ。早稲田大学大学院政治学研究科博士課程修了。博士（政治学）。共同通信社記者、ILO（国際労働機関）職員を経て、現在、明治大学商学部教授、早稲田大学大学院政治学研究科兼任講師。専門は中国政治。著書に『現代中国政治と労働社会——労働者集団と民主化のゆくえ』（御茶の水書房、日本労働ペンクラブ賞受賞）。『中国革命論のパラダイム転換——K・A・ウィットフォーゲルの「アジア的復古」をめぐり』（社会評論社）他。

徐友漁（じょ・ゆうぎょ）
1947年生まれ。四川省出身。元中国社会科学院哲学研究所研究員、現在は、米国ニュースクール大学客員研究員。専門は言語哲学、政治哲学、社会思想、文化大革命研究。主な著書に『自由的言説：徐友漁文選』（長春出版社）、『中国当代政治文化與西方政治哲学』（台湾・秀威資訊科技股份有限公司）、『與時代同行』（復旦大学出版社）他。邦訳論文は『中国リベラリズムの政治空間』（勉誠出版）、『現代中国のリベラリズム思潮——1920年代から2015年まで』（藤原書店）、『現代中国と市民社会——普遍的《近代》の可能性』（勉誠出版）に掲載。

及川淳子（おいかわ・じゅんこ）
東京都生まれ。日本大学大学院総合社会情報研究科博士後期課程修了、博士（総合社会文化）。桜美林大学グローバル・コミュニケーション学群専任講師。専門は現代中国社会、特に知識人と言論空間。主な著書に『現代中国の言論空間と政治文化——「李鋭ネットワーク」の形成と変容』（御茶の水書房）、翻訳書『劉暁波と中国民主化のゆくえ』（共著、花伝社）他。

宋永毅（そう・えいき）
1949年生まれ。文革中に「四人組」の張春橋に対する反対運動に参加したため、1971年から5年半にわたり監禁された。1989年に渡米、1992年コロラド大学ボルダー校東洋文学専攻修士。1995年インディアナ大学ブルーミントン校図書館情報学専攻修士。1999年に一時帰国し、文革に関する資料収集を行ったため、再び逮捕、半年後の2000年1月に釈放。現在、カリフォルニア州立大学ロサンゼルス校教授（専門図書館員）。専門は歴史学・図書館情報学。著書に *Historical Dictionary of the Chinese Cultural Revolution*, Scarecrow Press、『広西文革機密档案資料』（編著、国史出版社）、『文革五十年——毛沢東遺産和当代中国（上・下）』（編著、明鏡出版社）他。

徐行（じょ・こう）
1981年生まれ。2010年北海道大学大学院法学研究科博士課程単位取得退学。博士(法学)。現在､東京大学東洋文化研究所助教。専門は裁判法･比較法。著書に｢現代中国における訴訟と裁判規範のダイナミックス（1）～（5・完）——司法解釈と指導性案例を中心に」（北大法学論集)、鈴木敬夫編訳『現代中国の法治と寛容——国家主義と人権憲政のはざまで』（第3編第1、2章翻訳担当、成文堂）他。

矢吹晋（やぶき・すすむ）
1938年生まれ。1962年東京大学経済学部卒。東洋経済新報社記者、アジア経済研究所研究員、横浜市立大学教授を経て、横浜市大名誉教授。東洋文庫研究員、21世紀中国総研ディレクター、朝河貫一顕彰協会代表理事。著書に『沖縄のナワを解く』（情況出版)､『習近平の夢』（花伝社)､『南シナ海領土紛争と日本』（同)、『対米従属の原点ペリーの白旗』（同）他多数。

中村達雄（なかむら・たつお）
1954年生まれ。横浜市立大学大学院国際文化研究科博士後期課程単位取得退学。博士（学術)。現在、東京慈恵会医科大学、明治大学非常勤講師。著書に『「中国」の練習』（NHK出版生活人新書)、論文に「蒋経国の贛南における派閥形成について」(『現代中国』第83号、現代中国学会、2009年9月）など。

鈴木賢（すずき・けん）
1960年生まれ。北海道大学大学院法学研究科博士課程修了。博士（法学)。現在、明治大学法学部教授、北海道大学名誉教授。専門は中国法、台湾法。著書に『現代中国相続法の原理』(成文堂)､『中国にとって法とは何か』(共著､岩波書店)､『現代中国法入門』（第七版、共著、有斐閣)、『現代中国と市民社会』（共編著、勉誠出版）他。

編集＝竹園公一朗、轟木玲子、阿部唯史

# 中華人民共和国略年表（1949―1976）

※矢吹晋『文化大革命』（講談社現代新書）を参照した

| | | |
|---|---|---|
| 1949 | 10 | 中華人民共和国成立 |
| | 12 | 毛沢東、ソ連、モスクワを訪問 |
| 1950 | 6 | 朝鮮戦争（―53・7） |
| 1953 | 6 | 全国財経工作会議、過渡期の総路線を討議 |
| 1955 | 4 | 七期五中全会、林彪、鄧小平を政治局委員に補選 |
| 1956 | 2 | ソ連共産党第二十回大会でフルシチョフがスターリン批判 |
| | 9 | 第八回党大会、劉少奇政治報告、鄧小平個人崇拝を批判 |
| 1957 | 2 | 毛沢東「人民内部の矛盾を正しく処理する問題について」 |
| | 6 | 反右派闘争始まる |
| | 9 | 八期三中全会 |
| | 10 | 中ソ、国防用新技術〔核兵器を指す〕協定調印 |
| | 11 | 毛沢東訪ソ |
| 1958 | 1 | 南寧会議、毛沢東「工作方法六十カ条」を起草して「不断革命」を提起 |
| | 5 | 第八回党大会第二回会議、社会主義建設の総路線を提起 |
| | 7 | フルシチョフ、マリノフスキー訪中 |
| | | 【毛沢東の共産主義構想成立】 |
| | 8 | 北戴河会議、人民公社設立を決議 |
| | 11 | 八期六中全会、「人民公社の若干の問題についての決議」 |
| 1959 | 4 | 第二回全国人民代表大会第一回会議、劉少奇を国家主席に選出、毛沢東第二戦に退く |
| | 6 | 彭徳懐代表団訪ソ、フルシチョフと会談 |
| | 7 | 政治局拡大会議（廬山会議） |
| | 8 | 八期八中全会（廬山会議） |
| | 8 | 中共中央軍事委員会拡大会議、林彪を国防部長に選出（彭徳懐解任） |

| | | |
|---|---|---|
| | 9 | フルシチョフ訪中。共同声明出せず |
| 1960 | 11 | 中共中央「農村人民公社の当面の政策問題についての緊急指示」 |
| 1961 | 1 | 八期八中全会、調整「八字方針」を提起 |
| 1962 | 1 | 中央工作会議（七千人大会）、劉少奇が党中央の責任問題を提起 |
| | 9 | 八期十中全会で毛沢東が階級闘争を強調 |
| | | 【社会主義教育運動始まる】 |
| 1963 | 5 | 中共中央、「前十条」発す |
| | 9 | 『人民日報』『紅旗』編集部「ソ共指導部とわれわれとの意見の由来と発展」 |
| | 10 | 中共中央、「後十条」発す |
| 1964 | 5 | 『毛主席語録』を刊行 |
| | 5 | 中共中央工作会議、「国防三線建設」を提起 |
| | | 【文芸批判始まる】 |
| | 9 | 中共中央、「修正後十条」発す |
| | 10 | フルシチョフ解任（後任はブレジネフ） |
| | | 【毛沢東、クーデタに危機感をもつ】 |
| | 11 | 周恩来、賀竜訪ソ。マリノフスキーが賀竜にクーデタを提案 |
| | 12 | 第三期全国人民代表大会第一回会議、周恩来が「四つの現代化」を提起 |
| | | 【劉少奇らを「資本主義の道を歩む実権派」と規定】 |
| 1965 | 1 | 中共中央「二十三カ条」を発す |
| | 2 | 米軍、北ベトナムの爆撃開始 |
| | 5 | 羅瑞卿論文が反米統一戦線を主張 |
| | 9 | 林彪論文が人民戦争の意義を強調 |
| | | 【党中央に修正主義が発生したと毛沢東が危機感を表明】 |
| | 11 | 姚文元「新編歴史劇『海瑞罷官』を評す」を発表（上海『文匯報』） |
| | 12 | 政治局常務委員会拡大会議、羅瑞卿を批判、解任 |
| 1966 | 2 | 中共中央、「二月提綱」を発す（実権派主導） |
| | | 【毛沢東、共産主義論を再度提起】 |

5　毛沢東、林彪宛て書簡で「五・七指示」

5　政治局拡大会議、「五・一六通知」採択、林彪が「クーデタ講話」を行う

5　中央文化革命小組成立（組長陳伯達、顧問康生）

5　人民日報社を陳伯達が奪権

6　北京大学の聶元梓らが大学当局を攻撃

6　中共中央、北京市党委員会と彭真第一書記の解任を発表

7　中央宣伝部改組（新部長陶鋳、顧問陳伯達）

【文革の方針を正式に決定】

8　八期十一中全会、毛沢東の「司令部を砲撃せよ」、「プロレタリア文化大革命についての十六カ条決定」を採択

8　毛沢東ら天安門で紅衛兵接見。以後八回にわたり、千三百万人の革命的教師学生、紅衛兵に接見

9　中共中央、国務院「地方の革命的教師学生が北京に来て、革命運動を参観することについての決定」、全国的経験大交流始まる

10　陳伯達が「プロレタリア文化大革命における二つの路線」を報告、劉少奇、鄧小平が自己批判

1967　【解放軍の介入】

1　中共中央など人民解放軍の「左派支持」を指示

1　上海造反派が『文匯報』『解放日報』を奪権、上海市党委員会打倒大会を開く。毛沢東が上海一月革命を支持する談話、以後山西、貴州、黒竜江、山東などと造反派による奪権が続く

1　中共中央、国務院、中央軍委、中央文革「解放軍の左派支持」を命令

2　上海コミューン成立宣言

2　懐仁堂碰頭会（「二月逆流」あるいは「二月抗争」）

2　毛沢東が譚震林、陳毅、葉剣英、李富春、李先念、徐向前、聶栄臻らに「反省」を促す

2　政治局生活会、譚震林、陳毅らの自己批判を求める。以後政治局は活動停止し、中央文革がこれに代替する

3　中共中央「薄一波、劉少奇、安子文、楊献珍ら六十一人の自首裏切り資料」を発す、以後「裏切り者摘発」進む（78・12名誉回復）

4 中央軍事委員会拡大会議、劉少奇、鄧小平の罪状摘発

5 『人民日報』『紅旗』編集部「「修養」のポイントはプロレタリア独裁への裏切りにある」

7 江青、康生、陳伯達ら、劉少奇、鄧小平、陶鋳夫婦のつるし上げ大会を開く

【解放軍の反乱】

7 武漢事件、「百万雄師」が謝富治、王力を監禁。北京で武漢造反派支持大衆大会、新聞に「軍内の実権派打倒」のスローガン登場

7 江青が造反派に対して「文攻武衛」を語り、以後全国的に武闘が拡大

7 毛沢東が華北、中南、華東地区を視察し、「革命的大連合」を呼びかける

8 紅衛兵、イギリス臨時大使館に放火

9 毛沢東、「十八項目指示」

11 『人民日報』『紅旗』『解放軍報』編集部「十月社会主義革命の道に沿って前進しよう」がプロレタリア独裁下の継続革命論を整理

1968 3 楊成武総参謀長が解任される(後任は黄永勝)、軍事委員会辨事組を改組、林彪派の指導権強まる

5 中共中央、「北京新華印刷工場軍事管理委員会の対敵闘争の経験」を発す。「階級隊列の粛清」始まり、被害者続出

7 中共中央、国務院、中央軍委、中央改革、交通破壊・軍用列車略奪など六カ条を厳禁、武闘制止に努める

【奪権闘争の完了】

10 幹部の下放運動始まる

10 八期十二中全会、劉少奇の党除名を決定

1969 3 珍宝島で中ソ武力衝突

4 第九回党大会。党規約で林彪を後継者として明記

10 林彪、「緊急指示」によって戦時動員を命令

11 劉少奇死去

1970 2 全国計画工作会議、三線建設推進のための高指標を決定

3 中共中央工作会議、四期全人代、憲法改正問題を討論、毛沢東が国

家主席不要論を説く

6 中共中央、北京大学、清華大学などの学生募集再開を承認

8 九期二中全会、陳伯達が批判され、林彪グループが打撃を受ける

10 毛沢東、エドガー・スノー夫妻と会見、スノーに個人崇拝、「四つの偉大」、捕虜虐待などへの不満を語る

12 華北会議で陳伯達批判、北京軍区の改組決定、会議後「批陳整風」始まる

【林彪派、クーデタを計画】

1971 3 林立果、周宇馳らが反革命武装クーデタ計画を作成（「五七一工程紀要」）

4 全国教育工作会議で「二つの評価」論を提起

7 キッシンジャー訪中、ニクソン訪中計画を発表

8 毛沢東、南方を巡視し、各地の指導者に対して林彪批判

【文革が事実上破産】

9 林彪、毛沢東謀殺を決意、武装クーデタを命令。山海関空港から広州へ向かうが、ウンデルハンで墜死

10 葉剣英が軍事委員会辦公会議、周恩来が林彪専案組の統轄者となる

10 国連総会にて中華人民共和国が代表権を回復、中華民国は脱退

11 毛沢東、「二月逆流」の名誉回復を語る

1972 2 ニクソン大統領訪中、上海コミュニケ発表

7 林彪事件について毛沢東が非公式発表

8 「三支両軍の若干の問題についての決定（草案）」を中共中央が発し、党委員会の再建された地域、単位から軍隊の撤収方針を示す

9 田中角栄首相訪中、日中国交正常化

10 『人民日報』、周恩来の指示により極左批判の文章を掲載。張春橋、姚文元がこれを攻撃

10 毛沢東、林彪を極右とし、極左批判を許さず

12 『人民日報』が江青、張春橋らの叱責を受け、極左批判成らず

1973 1 『人民日報』『紅旗』『解放軍報』が批林整風の重点は極右批判であると主張

| | | |
|---|---|---|
| | | 【鄧小平復活】 |
| | 3 | 中共中央、鄧小平の党組織生活と国務院副総理復活を決定 |
| | | 【周恩来批判】 |
| | 7 | 毛沢東が周恩来の統轄する外交部を批判、林彪を「尊孔子反法家」だと批判 |
| | 8 | 中共中央、「林彪反党集団の罪状審査報告」を批准 |
| | 8 | 第十回党大会。周恩来政治報告、王洪文憲法改正報告 |
| | 8 | 十期一中全会、党主席毛沢東、副主席周恩来、王洪文、康生、葉剣英、李徳生。江青ら「四人組」を結成 |
| | 11 | 毛沢東の意見により周恩来が批判される |
| 1974 | 1 | 江青ら批林批孔動員大会を開き、周恩来を批判 |
| | 2 | 毛沢東、三つの世界論を提起 |
| | 7 | 毛沢東、「四人組」のセクト活動を批判 |
| | 9 | 周恩来の提起により、賀竜の名誉回復がなされる |
| | 10 | 「四人組」が政治局会議で鄧小平攻撃 |
| | 12 | 周恩来、長沙に毛沢東を訪ね、後継問題などを協議 |
| | | 【毛沢東、「ブルジョア的権利」を批判】 |
| | 12 | 毛沢東、理論問題の指示 |
| 1975 | 1 | 十期二中全会で鄧小平が副主席、軍委副主席兼総参謀長となる |
| | 1 | 四期全人代第一次会議、会議後周恩来は入院、鄧小平が党政を統轄 |
| | 2 | 『人民日報』『紅旗』が「マルクス・エンゲルス、レーニン、プロレタリア独裁を論ず」を掲載、毛沢東の理論問題指示を引用 |
| | 4 | 張志新（遼寧省等委員会宣伝部幹部）が劉少奇支持を明言して殺害される |
| | 4 | 蔣介石死去 |
| | 5 | 毛沢東、「安定団結」を繰り返す。鄧小平が江青らを数度にわたり批判 |
| | 5 | 毛沢東、賀誠の名誉回復を指示。以後老幹部の出獄、分配工作が進む |
| | 6 | 軍事委員会拡大会議、軍隊の整頓を討論 |

8　毛沢東の『水滸伝』論評に基づき、江青、姚文元らが周恩来、鄧小平攻撃に乗り出す

11　「右からの巻き返しに反撃する」闘争開始。以後名指しなき鄧小平批判が始まる

1976　1　周恩来死去。毛沢東の提案で華国鋒が国務院総理代行に

2　華国鋒が省レベル、大軍区責任者会議で鄧小平路線批判

2　江青が十七省市自治区会議を勝手に開き、毛沢東から批判される。以後「四人組」批判が全国へ広がる

4　天安門事件

4　鄧小平解任。華国鋒、党第一副主席兼国務院総理に就任

7　朱徳死去

8　江青らが「総綱を論ず」ほか三本の論文を批判

【毛沢東時代の終焉】

9　毛沢東死去

10　「四人組」逮捕

10　華国鋒、党主席、軍事委員会主席に就任

【鄧小平時代始まる】